Bianka Bleier
Café Mélange

Bianka Bleier

# CAFÉ
## *Mélange*

Dem Leben ein Zuhause geben

**SCM**

Hänssler

# SCM

## Stiftung Christliche Medien

SCM Hänssler ist ein Imprint der SCM Verlagsgruppe, die zur Stiftung Christliche
Medien gehört, einer gemeinnützigen Stiftung, die sich für die Förderung und
Verbreitung christlicher Bücher, Zeitschriften, Filme und Musik einsetzt.

© 2017 SCM Hänssler in der SCM Verlagsgruppe GmbH
Max-Eyth-Straße 41 • 71088 Holzgerlingen
Internet: www.scm-haenssler.de; E-Mail: info@scm-haenssler.de

Soweit nicht anders angegeben, sind die Bibelverse folgender Ausgabe entnommen:
Neues Leben. Die Bibel, © der deutschen Ausgabe 2002 und 2006 SCM R.Brockhaus
in der SCM Verlagsgruppe GmbH Witten/Holzgerlingen
Weiter wurden verwendet:
Lutherbibel, revidierter Text 1984, durchgesehene Ausgabe in neuer Rechtschreibung,
© 1999 Deutsche Bibelgesellschaft, Stuttgart
Elberfelder Bibel 2006, © 2006 by SCM R.Brockhaus in der
SCM Verlagsgruppe GmbH Witten/Holzgerlingen
Gute Nachricht Bibel, revidierte Fassung, durchgesehene Ausgabe in
neuer Rechtschreibung, © 2000 Deutsche Bibelgesellschaft, Stuttgart
Hoffnung für alle ® Copyright © 1983, 1996, 2002, 2015 by Biblica, Inc.®.
Verwendet mit freundlicher Genehmigung des Herausgebers Fontis - Brunnen Basel

Umschlaggestaltung: Patrick Horlacher, Stuttgart
Titelbild: Lea Weidenberg
Satz: Satz & Medien Wieser, Stolberg
Druck und Bindung: GGP Media GmbH, Pößneck
Gedruckt in Deutschland
ISBN 978-3-7751-5816-9
Bestell-Nr. 395.816

# Inhalt

# Nur-Tage

Viele Tage meines Lebens fühlen sich belanglos an. Tage, an denen ich nur aufstehe, Routinetätigkeiten verrichte und schlafen gehe. Nur-Tage.

Ich bin mir ziemlich sicher, dass dies die Tage sind, nach denen ich mich sehnen werde, wenn mein Leben aus den Angeln gerät. Aber mittendrin in diesen Nur-Tagen fühlen diese sich oft an, als fänden sie gar nicht statt. Als fände das Leben darin nicht statt. Dann muss ich es suchen gehen. Oft finde ich es in den Keimzellen der Menschlichkeit, in kleinen Spuren der Natur.

Meine Freundin, die in einer christlichen Buchhandlung arbeitet, hat ein Gespräch mit einer Kundin, die ihr Herz ausschüttet. Sie ist alt und gebrechlich und pflegt ihren schwer kranken Mann. Sie zergeht fast unter der Last. Andrea hört zu, voller Erbarmen und Mitgefühl. Die alte Frau bedankt sich und sagt beim Gehen: »Sie sind genau richtig hier!« Andrea sagt zu mir: »Dabei habe ich nur zugehört!« Was heißt hier nur?

Ein anderes Mal erzählt sie: »Im letzten Hauskreis hat nur jeder seine schwere Geschichte erzählt. Dann haben wir noch gebetet.« Ich denke, was für ein guter Hauskreis und frage mich wieder: »Was heißt nur? Das war ja essenziell!

Ich beschließe, meinen eigenen »Nur's« auf den Leib zu rücken und sie zurechtzurücken.

Meine Mutter hat als Berufsbezeichnung immer stolz »Hausfrau« geschrieben. Dadurch war dieser Beruf für mich von Anfang an positiv belegt. Und von daher war für mich der zu meiner eigenen Mutterzeit eingeführte Begriff »Nur-Hausfrau« das Unwort schlechthin. Ich war mit Leib und Seele Mutter und Hausfrau und habe mich gern im Laufe der Jahre und Weiterentwicklung meiner Kinder in mein Berufsleben hineingetastet, das sich so individuell gestaltet hat wie das Leben selbst. Als die Kinder flügge wurden, was ja nur ein paar Jahre gedauert hat, durfte ich noch einmal ganz eigene Wege einschlagen und mit Freunden zusammen einen Traum verwirklichen, ein Dorfcafé mit Laden eröffnen. Als die Zeit und ich reif dazu waren. Unsere mittlere Tochter Lena steht kurz vor ihrer Trauung und räumt ihr Zimmer Stück für Stück leer. Dabei zieht sie Resümee. Sie beobachtet, wie ich mich in mein neues Leben hineintaste, in meine neue Selbstständigkeit und Unabhängigkeit, und bewertet: »Was ihr jetzt macht ist genial. Aber ich bin heilfroh, dass ihr das nicht vor zehn Jahren gemacht habt, da habe ich dich noch sehr gebraucht.« Nun bin ich zehn Jahre älter und stelle fest: Ich habe nichts verpasst. Diese Nur-Zeit war eine der kostbarsten meines vergänglichen Lebens.

Wir haben unser Laden-Café Sellawie eröffnet. Wenn Menschen sich hier wohlfühlen, denken wir manchmal: Wie einfach! Wir sind doch einfach nur wir selbst, wir hören doch nur hin, wir geben doch nur, was wir sowieso haben, wir öffnen doch quasi nur unser Wohnzimmer. Das, was uns so leicht fällt, was uns in den Schoß gefallen ist, was wir nur zu teilen brauchen, nennt Gott »Gaben«.

In anderen Sprachen gibt es aufschlussreichere Worte für diese drei Buchstaben. *Seulement* heißt es zum Beispiel im Französischen, *Solamente* im Italienischen, was auf etwas Einziges, Einzigartiges, Ausschließliches schließen lässt. Das klingt konzentriert statt minderwertig.

Heute war ein guter Tag. Ich habe nur gut geschlafen und einfach gefrühstückt. Dann bin ich nur mit dem Hund ausgegangen und habe mein Tagewerk verrichtet. Dabei bin ich nur einigen Menschen begegnet, habe Fragen gestellt, zugehört und erzählt. Dazwischen habe ich lediglich mein Mittagsmahl eingenommen und das Abendessen vorbereitet. Es ist alles ziemlich einfach gewesen und hat mich wenig gekostet. Es war nur ein Tag. Ein Nur-Tag. Ein *Seulement*-Tag. Ein einzigartiger Tag …

Vielleicht habe ich nur jemandem einen Rahmen geboten, in dem er sein Leben etwas leichter leben konnte. Vielleicht war ich nur ein Tropfen auf einem heißen Stein. Vielleicht war ich durch mein Nur-Dasein heute für jemanden wichtig. Und wenn es nur für den Hund war. Oder einzig und allein für Gott …

*Ich traf nur Wilkins*

*An einem der letzten Abende hatte ich wirklich Glück. Ich meine damit nicht, dass ich Geld gewonnen hätte oder so was. Nein. Ich traf nur Wilkins. Er machte einen kleinen Spaziergang und ich machte einen kleinen Spaziergang, und da trafen wir uns, und wir standen und unterhielten uns, und die Abendsonne schien noch warm, und ein Vogel sang über uns, und die Welt war friedlich und schön. Wir redeten über dies und das, und die Zeit verging wie im Flug. Wir lachten ein bisschen zusammen und bedauerten einen gemeinsamen Freund, der krank ist – und dann ging jeder nach Hause: Das war alles. Aber es tat wirklich gut, Wilkins so unerwartet zu treffen und miteinander zu reden und*

*einander sympathisch zu finden. Es klingt nicht nach viel, oder?*
*Aber ich genoss es …*[1]

*Herbert Leslie Gee*

# Wer ist der Wichtigste im ganzen Land?

Einst war ich fassungslos glücklich, als mich der Mann auserwählte, den ich mir auserwählt hatte. Ich konnte nichts anderes mehr denken als an seinen Namen, seine Schönheit, sein Lachen, seinen Schmerz, sein ganzes Wesen. Ich wollte jede freie Minute bei ihm sein, ihn ansehen, selbst wenn er schlief, seine warme Haut riechen, seinen Atem spüren, seine Stimme hören.

Ich erlebte, was es heißt, seine Geliebte zu sein.

Das Leben war wunderschön miteinander. Unsere Liebe wurde so groß und ausschließlich, dass wir uns vorstellen konnten, miteinander alt zu werden. Wir verschmolzen. Wir heirateten. Gemeinsam waren wir unbesiegbar. Unvorstellbar, dass jemand den besten Platz der Welt streitig machen konnte: Ganz nah beim anderen.

Ich erlebte, was es heißt, seine Frau zu sein.

Wir meisterten unseren Alltag, wuchsen an unseren Krisen, genossen unsere Zweisamkeit und reiften unserer Zukunft entgegen.

Irgendwann war das Fundament so stark, dass wir uns vorstellen konnten, miteinander ein Kind zu haben.

Unwesentlich später war ich schwanger. Neun Monate lang versuchte ich das Wunder zu begreifen, das sich in meinem Leib abspielte. Ich begriff es nie. Neun Monate lebte unser Kind geschützt in mir. Neun Monate lang barg und nährte ich es, erlebte ich eine Gemeinschaft bisher ungekannter Dimension. Gespannt wartete ich auf den Tag der Abnabelung und des Kennenlernens außerhalb von mir.

Dann war unsere Tochter da. Frucht unserer Liebe. Fleisch von meinem Fleisch. Ihre Bedürftigkeit rührte mich im Innersten meiner Seele. Ihre Abhängigkeit wurde zu einem unsichtbaren Band, das uns beide verband. Beim Stillen verschmolz ich mit ihr.

Das Leben war wunderschön miteinander. Ich war fassungslos glücklich, dass ausgerechnet ich ausgerechnet dieses Wunderwesen zum Kind hatte. Ich konnte nichts anderes mehr denken als an seinen Namen, seine Schönheit, sein Lachen, seinen Schmerz, sein ganzes Wesen. Ich wollte jede freie Minute bei ihm sein, es ansehen, selbst wenn es schlief, seine warme Haut riechen, seinen Atem spüren, seine Stimme hören.

Unsere Liebe war so groß und ausschließlich, dass ich mir kaum vorstellen konnte, nicht miteinander alt zu werden.

Ich erlebte, was es heißt, ihre Mutter zu sein.

Seither bin ich Geliebte und Mutter. Seither streiten zwei Seelen in meiner Brust. Bzw. zwei Seelen um meine Brust ... Wer hat Vorrang in meinem Herzen?

Es ist eine sensible Situation, wenn das erste Kind kommt. Beide Partner müssen in neue Rollen hineinwachsen. Zentral wird sein, ob sie noch ein Liebespaar bleiben.

Die Frau besitzt für diese Weichenstellung für die Zukunft der Ehe einen wichtigen Schlüssel. Es wird entscheidend sein, ob der Partner oder die Kinder bei ihr an erster Stelle stehen. Welche innere Haltung wird sie einnehmen?

Die Versuchung ist groß, sich auf die Seite des Kindes zu schlagen. Es kostet Anstrengungen, sich immer wieder zu vergegenwärtigen, dass auch die Ehe gepflegt werden muss, gerade jetzt. Dass das neue Wesen Raum beansprucht, aber dass Gespräch und körperliche Nähe zwischen den Partnern nicht abreißen dürfen. Das braucht Zeit, Fantasie, aber vor allem die Willensentscheidung dazu.

Die Frau braucht keine Angst zu haben davor, dass die Spuren der Schwangerschaft und Stillzeit sie für ihren Mann unattraktiv machen. Er verehrt ihre neue Sinnlichkeit, er bewundert ihre Fähigkeit zu gebären und ihren Instinkt im Umgang mit dem Neugeborenen, er ist dankbar, wenn sie ihn darin liebevoll einführt und ihm Vaterschaft zutraut. Und: Er ist erleichtert, ihren Körper nicht mehr auf diese substanzielle Weise teilen zu müssen wie in der Schwangerschaft. Sprich, er freut sich auf ungeteilte Zweisamkeit, auf Einssein mit seiner Partnerin.

Eine Frau kann davon ausgehen, dass sich durch die Geburt eines Kindes nichts daran ändert, dass sie im Herzen ihres Mannes den ersten Platz behält. Jeder Mann ist in seinen Grundfesten erschüttert, wenn er nicht Nummer eins im Leben seiner Frau bleibt.

Seine Trauer, Resignation und Entwurzelung sind groß, wenn seine Frau sich in ihre Mutterrolle zurückzieht, schlimmstenfalls die Kinder zum Podium erklärt, um Machtkämpfe auszuleben und Druck auszuüben. Dann fühlt er sich zu Recht ausgeschlossen und zurückgewiesen.

Kein frisch gebackenes Elternpaar wird darum herumkommen, diese Entscheidung für sich zu treffen und im Alltag durchzubuchstabieren, grundsätzlich und immer wieder. Dass wir Partner an erster Stelle stehen, war für unsere Ehe ein wichtiges und notwendiges Signal. Unsere Entscheidung lautete: Unsere Kinder sind die Frucht unserer Liebe, nicht ihre Basis. Sie dürfen nicht den Platz des Partners streitig machen.

Es ist von unschätzbarem Wert für die ganze Familie, wenn beide Partner sich helfen, in ihre neuen Rollen hineinzuwachsen und sich gleichzeitig Heimat bleiben als Geliebte, die sie auch vor der Geburt des Kindes waren. Das bedeutet, sich gegenseitig Freiräume zu gönnen und zu verschaffen und immer wieder auf Zeit zu zweit zu achten.

Glückliche Eltern sind die beste Voraussetzung für glückliche Kinder! Und glückliche Kinder sind eine gute Voraussetzung für glückliche Ehepartner. Sie klammern nicht und ruhen genügend in sich, dass sie ihren Eltern Zeit füreinander als Selbstverständlichkeit zugestehen. Für Kinder ist es darüber hinaus eine klare, gesunde Linie, zu wissen, dass die Eltern sich sehr wichtig nehmen und sowohl Eltern als auch Kinder mal zurückstehen müssen. Kinder akzeptieren das.

Als kleines Mädchen habe ich einmal meinen geliebten Vater gefragt: »Wen liebst du mehr, Mutti oder mich?« Gespannt habe ich auf seine Antwort gewartet. Sie war so undiplomatisch wie klar: »Deine Mutter!« Ich erinnere mich noch gut an die Mischung von Enttäuschung und Sicherheit, die mir diese Worte vermittelt haben.

Es wird genügend Situationen geben, in denen die Bedürfnisse der Kinder vorgehen müssen. Dennoch kann die Grundbotschaft aneinander, der Grundton der Ehemusik, lauten: Ich verliere dich nie und nimmer aus den Augen. Du bist mir der wichtigste Mensch der ganzen Welt. Ich liebe, ehre und begehre dich. Ich bin überglücklich, diese Kinder mit dir zusammen gezeugt zu haben. Bevor sie da waren, waren wir schon ein Paar. Wenn sie einmal eigene Wege gehen, werden wir (hoffentlich) immer noch füreinander da sein.

# Das Leben ist ein Tanz

Augustinus wird der lebensbejahende Satz zugeschrieben *»Mensch, lerne tanzen! Sonst wissen die Engel im Himmel nichts mit dir anzufangen!«* Also nutzen wir während der langen Winterabende ein Tanzwochenende in unserer Gemeinde, um unsere dreißig Jahre alten Tanzkenntnisse aufzufrischen. Zwei Menschen mit Rhythmus im Blut kommen angereist, um ein paar mutigen Paaren über Hemmschwellen und Stolpersteine hinweg zu Gleichklang und Balance zu verhelfen.

Tanzen – der Versuch zweier Menschen, sich synchron zu bewegen mit dem Wunsch, dass sich dabei Harmonie und Romantik einstellen oder zumindest Spaß.

Leider kann daraus schnell ein Machtspiel werden. Wer führt? Wer hat hier recht? Wir sind mit Spannungen angekommen und nehmen diese mit ins Tanzen. Statt tänzerischer Leichtigkeit stellt sich erst einmal Ehebrisanz ein ... Der Tanztrainer erzählt: Von hundert Paaren, die heiraten wollen und sich deshalb für einen Hochzeitstanzkurs anmelden, heiraten hinterher achtzig Paare ...

Zuerst einmal empfinde ich Unbehagen darüber, dass ich mich führen lassen soll. Als junge Frau ging es mir sehr darum, emanzipiert zu sein. Ohne Kavaliersanspruch wählte ich einen jungen Mann, der in seinem Leben nicht auf die Idee kommen würde, mir in den Mantel zu helfen, solange ich noch selbst hineinkomme. »Der Mann führt. Darüber gibt es keine Diskussionen!« Befremdet entdecke ich Freude seinerseits, die Führung offiziell zugewiesen zu bekommen. Wenn er wenigs-

tens sicher führen würde! Wir Frauen sollen die Augen schließen und uns in drei experimentellen Phasen durch den Saal
führen lassen. Das fördere blindes Vertrauen. Phase eins: Der
starre Arm des Mannes. Phase zwei: Gummiarm. Phase drei:
Impulse seitens des Mannes, wenn sich die Richtung ändern
soll, ansonsten lose Verbindung. Das geht am besten für beide. Mit der Zeit werde ich lockerer, entscheide mich dafür,
Werner führen zu lassen. Wenn etwas aufgrund mangelnder
Führung schiefgeht, muss er lernen. Eigentlich entspannend.
Je mehr Vertrauen ich schöpfe, dass Werner mich führt, desto
besser führt er. Was wiederum Vertrauen aufbaut. Das erinnert
mich irgendwie an mein Glaubensleben. Ist es nicht auch Gottes Führungsstil, dass er mir hin und wieder hilfreiche Impulse
gibt und ansonsten eine lose Verbindung sucht?

Ich sehe grinsende Gesichter um mich herum. Wir stolpern
und eiern über die Tanzfläche. Wir finden uns nicht sofort.
Aber immer wieder. Es ist wie beim Reiten. Zwei Wesen
müssen gemeinsam ins Gleichgewicht finden, damit sie in
Einklang kommen. Das sieht bei jedem Paar etwas anders aus.

Die Tanztrainer ändern nichts am individuellen Stil der
einzelnen Paare. Sie wollen keine homogenen Ergebnisse. Im
Laufe des Wochenendes findet jedes Paar seine eigene Sprache.
Die einen hüpfen leichtfüßig wie Funkenmariechen. Es geht
von der Dame aus und springt auf den Herrn über, der die
ganze Zeit still und aufmerksam Blickkontakt sucht, in seinen
Augen sprühen Funken angesichts seines zufriedenen Marie-
chens. Andere marschieren große Wegstrecken miteinander ab
und konzentrieren sich auf die Schrittfolgen, erleichtert darüber, dass sie das miteinander hinkriegen. Sie werden nicht zu
mehr Leichtfüßigkeit ermahnt, sondern gelobt für das, was sie

schon schaffen. Da ist die Frau, die sich so sehr vor dem Tanzen fürchtet, dass sie sich fast nicht durch die Eingangstür wagt, sie kämpft mit Tränen, gegen ihre vernichtende Selbsteinschätzung (ich habe kein Rhythmusgefühl) und alte Prägungen (ihre strenge, pietistisch geprägte Mutter hat ihr das Tanzen verboten als junge Frau). Die Tanzlehrerin hebt sie behutsam über die Hemmschwelle und geleitet sie in den nächsten Tagen liebevoll bei einem zauberhaften Prozess der Befreiung. Sie entdeckt ihr sehr wohl vorhandenes Rhythmusgefühl und einen neuen, tänzerischen Zugang zu ihrer Weiblichkeit. Königliches Lächeln, als ihr Mann verzaubert sagt: »Ich entdecke ja eine ganz neue Seite an dir!« Entmythologisierungen …

Wie gut, einen Gott zu haben, der uns den Rhythmus ins Blut gelegt hat und sich darüber freut, wenn er uns tanzen sieht. Wir sind nicht mehr den unbarmherzigen Bewertungen unserer Schulzeit ausgeliefert, bei denen unsere kindliche Selbstliebe so viele Risse erhalten hat. Wie oft bekam ich ein »Befriedigend«, ein »Ausreichend«. Wie fürchtete ich das »Mangelhaft« oder gar »Ungenügend«. Wie vernichtend war es, so infrage gestellt zu werden.

Gott schätzt unsere kleinen Erfolge, er würdigt unsere Bemühungen, er feiert unsere Anfänge! Unser Leben besteht zum Großteil aus kleinen Schritten. Gott sagt: *»Ich weiß alles, was du tust. Ich habe dein Bemühen und dein geduldiges Warten gesehen« (Offenbarung 2,2a).*

Mag sein, dass innere Stimmen uns quälen, bewerten, beurteilen, verurteilen. Dass fiese, kleine Antreiber in einer Ecke unseres Herzens sitzen und penetrieren: »Es reicht nie!« »Du bist nicht gut genug!« Dass sie uns anlügen: »Du brauchst Einfluss, Schönheit und Erfolg, um angesehen und glücklich zu sein! Du musst alles richtig machen, um dabei zu sein und geliebt zu werden!« Aber Gott ist anders. Gott ist kein Sklaventreiber, sondern ein Befreier. Seine Stimme ist nicht die eines Anklägers, sondern die eines Fürsprechers, Trösters und Ermutigers. Er blickt nicht defizitorientiert auf uns, sondern liebevoll und barmherzig. Gott liegt sehr daran, uns echtes, erfülltes Leben zu schenken. Augustinus hat sich mit einem weiteren wundervollen Satz verewigt: »Der Mensch ist aus dem Lachen der Dreieinigkeit geboren!«

# Aus dem Leben gefallen

Ich war gerade von einer gesegneten Frauenfreizeit auf dem Dünenhof zurückgekehrt. Wir haben als Team versucht, Frauen zu helfen, aus ihrem Alltag herauszutreten und sich neu auszurichten. Wir haben Angebote für Geist, Körper und Seele gemacht, wir haben gesungen, gelacht, geweint und auf Gott gehört. So viel war geschehen in der einen Woche. So viel Gutes. Nach einem Jahr der Vorbereitung war die Woche wie im Flug vergangen. Am Ende kehrten wir selbst als Beschenkte zurück. Am ersten Abend versuchte ich, die Eindrücke in meinem Kopf und Herzen zu ordnen. Ich betrachtete Fotos, las Briefe von Teilnehmerinnen und meine Tagebuchnotizen. Es war, als habe Gott unsere leeren Hände mit einem Segensstrom gefüllt, den wir an die Frauen weitergeben konnten. So viel war geschehen, wir waren über unsere Erwartungen beschenkt und beschämt.

Mit dem Gefühl, einen großen Berg überwunden zu haben, freute ich mich dankbar erleichtert auf die Zeit der Nachlese und Erholung. Zeit zum Mich-Fallen-Lassen, Zeit für ein kleines Fest mit mir allein. Ich hatte Lust auf Wein und Chips. Beschwingt machte ich mich auf den Weg zum Vorratsschrank im Keller, verfehlte den ersten Tritt der steilen Treppe und stürzte. Während ich fiel, war ich schon fassungslos. Das war mir in den zwanzig Jahren, seit wir hier wohnen, noch nie passiert. Auf der Suche nach Halt griff ich mit dem linken Arm instinktiv nach hinten.

Der Aufprall war heftig. Ich wusste sofort, dass ich meinen linken Arm nicht mehr bewegen konnte. Mein Rücken schmerzte. Mir wurde übel. Mit Schüttelfrost verbrachte ich die nächsten Stunden auf dem Sofa, die Nacht regungslos auf der rechten Seite.

Ich kann mich nicht erinnern, jemals im Leben so starke, lang anhaltende Schmerzen gehabt zu haben. Jede minimale Bewegung des linken Arms erzeugte stechende Schmerzwellen und nachts suchte ich vergeblich nach einer Möglichkeit, den Arm schmerzfrei zu lagern.

Die erste Untersuchung ergab keine Verletzung, sondern den Rat, mich gegen den Schmerz zu bewegen, um nicht zu versteifen. Einen Verband erhielt ich nicht. Drei qualvolle Wochen später stellte sich bei einer gründlicheren Untersuchung heraus, dass der Schulterknochen gebrochen und drei Sehnen gerissen waren.

Durch die anfängliche Fehldiagnose, die fehlende Ruhigstellung und meine unnatürliche Schonhaltung kamen in den folgenden Wochen und Monaten weitere Probleme dazu. Ich konnte über viele Wochen hinweg nur in einer einzigen Position liegen. Dadurch entzündete sich die gesunde Schulter mit ähnlichen Schmerzsymptomen, sodass ich überhaupt keinen Schlaf mehr finden konnte. Ein Wirbel begann mir großen Ärger zu bereiten. Statt mich allmählich zu erholen, manifestierte und verbreitete sich der Schmerz als Dauerzustand. Mit der Zeit vertrug ich die Schmerzmittel immer schlechter, ich war appetitlos, kurzatmig und mir war die meiste Zeit des Tages speiübel.

Ich gehöre leider nicht zu den ausgesprochen tapferen Menschen, sondern neige dazu, alarmiert auf Schmerzmeldungen zu reagieren, mich schnell zu sorgen und mit dem Schlimmsten zu rechnen. Meine Lebensfreude kippt dann schnell Richtung Grübelzwang, Angst, Schwermut und Pessimismus.

Leicht irritierbarer Schlaf gehört sowieso zu meiner sensiblen Grundausstattung. Nach vielen einsamen, angstvollen Nächten in völliger Schlaflosigkeit fand ich mich in einer Abwärtsspirale von Ratlosigkeit, Schmerz und Unruhezuständen. Ich konnte das Adrenalin gar nicht mehr so schnell abbauen, wie es mich überfiel. Panikattacken und das Gefühl von Perspektivlosigkeit brachten mich zur Verzweiflung. Ich brauchte Medikamente gegen Schmerzen, Übelkeit, Schlaflosigkeit und Angst. Untersuchungen, Notarzt, Medikamente, Nebenwirkungen – irgendwann kapitulierte meine Seele.

Gleichzeitig begann Anna sich nach Brautkleidern umzusehen, erkundigte sich Lena nach einem einjährigen Aufenthalt in Australien, fiel die Entscheidung, dass Jans Zukunft sich in einem Internat hundert Kilometer entfernt abspielen würde, schwebte die Gemeinde in einer existenziellen Krise. Ich vermisste die Fürsorge meines Mannes, der sich um unser Familienleben, seinen Beruf, die Probleme in der Gemeinde kümmerte und gefühlt auf sicherlich überlebensnotwendigen Abstand zu mir ging. Ich vermisste eine Perspektive für unser Leben.

Ich war entsetzt, wie schnell sich mein Leben verändert hatte, durch einen kleinen Fehltritt. Meine körperlichen und seelischen Kräfte waren aufgebraucht. Ich betete und flehte zu Gott um Hilfe, aber Tag für Tag rutschte ich tiefer hinunter in ein dunkles Tal. Eines Tages saß ich völlig verzweifelt im Wartezimmer eines Psychiaters, gemeinsam mit Menschen, die ich früher als »verrückt« bezeichnet hätte. Nun war ich eine von ihnen. Welch eine Demutserfahrung. »Depressive Episode mittleren Schweregrades« lautete die Diagnose.

Ich hatte mich immer als starke Frau erlebt. Nun war ich handlungsunfähig. Ich konnte nicht mehr kochen, nicht mehr mit dem Hund eine kleine Runde spazieren gehen, ich konnte nicht einmal mehr schreiben geschweige denn lesen. Ich hatte das Gefühl, mit dem Sturz aus dem Leben gefallen zu sein. In der Gemeinde wurde renoviert und umgezogen und ich war nicht dabei. Anna machte Examen, Lena Abitur und ich konnte sie nicht unterstützen. Ich konnte nicht mehr in der Buchhandlung mitarbeiten. Ich konnte mich nicht mehr um andere kümmern, ich hatte nichts mehr zu geben. Ich konnte nichts mehr von all dem tun, was ich gern tat, was mir Kraft, Erfüllung und Bestätigung gab und was ich als meine Identität empfunden hatte. Wer war ich noch? Für meine Mitmenschen war ich eine Belastung geworden. Viele reagierten hilflos und zogen sich zurück. Ein Kern von Freunden stand mir bei.

Es ist interessant, was von einem übrig bleibt, wenn man nichts mehr tun kann.

Wie sehr man sich über das Tun definiert. Es war schwer, mich so schwach und ängstlich auszuhalten und anderen zuzumuten. Lieber bin ich stark als schwach.

Lieber helfe ich anderen, als dass ich mir von anderen helfen lassen muss.

»Meine Zeit steht in Gottes Händen« bekam für mich eine ganz neue Bedeutung. Meine Zeit stand still. Nie zuvor habe ich mich so schwach erlebt. Ich betete, aber ich wartete lange vergeblich darauf, dass Gott einschritt. Er hat gewartet. Ich betete, dass es besser werden sollte, aber es wurde immer noch ständig schlechter.

Immer wieder stöhnte, seufzte ich das Lied: »*Du siehst die Wunden und heilst mein Herz, beugst dich in meine Not hinab und trocknest meine Tränen ab*«.[2] Ich hatte solch eine Sehnsucht danach, dass Gott sich mir nahen würde.

Jesus entfremdete sich mir mehr und mehr. Vom Kopf her war mir noch klar, dass der »gute« Hirte immer noch vorausging, aber offensichtlich war er gerade um die Ecke gegangen und hatte längst vergessen, nachzusehen, ob ich noch mitkam. Der Weg, den er mich führte, ging Tag für Tag tiefer in ein dunkles Tal, das mich das Entsetzen lehrte. Ich wartete darauf, endlich in der Talsohle anzukommen in der Hoffnung, dass er mir ein Licht am Ende des Tals zeigen würde.

Ich weiß nicht, wie andere Christen damit klarkommen, wenn Gott ihre Wunden sieht, aber nicht heilt, wenn sie ihn darum bitten. Ich hab mich im Stich gelassen gefühlt. Mein Glaube lebt davon, dass ich Gott in der Natur, in der Musik, in Bildern, durch sein Wort spüren kann. Ich brauche Zeichen seiner Nähe, um vertrauen zu können.

Es tut weh, wenn Gott auf sich warten lässt. Ich hatte das Gefühl, dass er mich am ausgestreckten Arm verhungern ließ. Wenn ich an Gott dachte, überfiel mich Traurigkeit und Enttäuschung. Verlassenheitsgefühle aus dem dunklen Erinnerungsverlies meiner Kindheit meldeten sich aus der Zeit meiner Krankenhausaufenthalte mit völligem Besuchsverbot. Ich konnte nicht mehr in der Bibel lesen, wie immer, wenn mich die Angst im Griff hat. Ich konnte nur noch zehren von dem, was von Gottes Wort in mir abrufbar war. Und von dem, was andere mir brachten. Brian Doerksens Vertonung von Psalm 13 wurde zu meinem Lied:

*Wie lange noch vergisst du mich, Herr?*
*Wie lange noch verbirgst du dich vor mir?*
*Wie lange noch ist die Seele voller Angst*
*Und Tag für Tag drücken Sorgen auf mein Herz?*
*Wende dich doch zu mir, o Gott, mein Vater,*
*Bring Licht in mein Dunkel, bevor ich falle, Herr.*
*Doch ich will deiner Liebe vertraun.*
*Ja, mein Herz soll sich freun.*
*Ich singe von deiner Liebe zu mir.*
*Denn du bist gut, wie du es warst, mein Herr.*

Meine Glaubensgefährdung ist, dass ich Angst vor Gott bekomme, was er alles zufügen, zulassen könnte. Dann fällt es mir schwer, an seine Vaterliebe zu glauben. Das hat ja oft mit eigenen Vatererfahrungen zu tun, was da hochkommt und heil werden will.

In Wahrheit hat Gott mich wohl nicht allein gelassen. An jedem Tag kam jemand, der mich ermutigt hat, zu glauben, zu vertrauen. Jemand, der mich massiert hat. Jemand, der mit mir gebetet hat. Jemand, der mich zu Hause rausgeholt hat. Jemand, der mich zum Arzt gefahren hat. Jemand, der mit mir geweint hat. Jemand, der mich ausgehalten und mir zugehört hat. Da war immer jemand, der noch Kraft für mich hatte und sich einfühlen konnte.

Einmal, als ich nur noch weinend beten konnte: »Jesus, berühre mich«, stand eine Freundin mit Massageöl in der Tür. Sie massierte mir eine Stunde lang die Füße. Danach habe ich zum ersten Mal wieder ein paar Stunden geschlafen.

Wie durch ein Wunder erhielt ich zeitnah Termine bei einem christlichen Psychotherapeuten. In aller Ruhe begann ein guter, langer, heilsamer therapeutischer Weg.

Eines Tages zeigte mir mein Seelsorger eine Zeichnung von Jesus mit Dornenkrone, der eine Frau umarmte. Blut floss aus seinen Wunden im Kopf und seinen Händen. Er fragte:»Können Sie damit etwas anfangen?« Bilder sprechen manchmal eine lautere Sprache als Worte. Fassungslos starrte ich auf Jesus und die Frau. Ich nahm das Bild und ging.

So nah? So intim? So auf Augenhöhe? So verschwitzt, verwundet, verletzt, verhöhnt, blutend, geschunden, nah? Für mich?? Aus solch tiefer Liebe? So viel bin ich wert?? Herz an Herz ... kommt mir Jesus so nah? Hat er all das ganz persönlich für mich ausgehalten?? Wie steht es mit mir und Jesus?

Das Bild war eine Provokation für mich, zu konkret, zu persönlich, zu grenzwertig. Zu blutverschmiert, zu körperlich ... Erst habe ich das Bild von mir gewiesen. Dann habe ich es immer wieder angesehen: Jesus, dem noch die Angst und die durchstandenen Schmerzen anzusehen sind.

Über mein Gottesbild habe ich mir hier und da Gedanken gemacht. Über mein Jesusbild nicht. Jesus ist mein Hirte, er geht mir voran, aber dass er mir so nah kommt, dass er mich so menschlich berührt, dass er mich in den Arm nimmt?

Es hat mich neu gepackt, dass seine Liebe so ausdrücklich mir persönlich gilt. Dass Jesus mich nicht platonisch liebt, sondern so greifbar und innig. Rein gewaschen zu sein durch sein Blut habe ich mir noch nie so plastisch, so konkret vorgestellt.

Wenn ich einen Jesusfilm sehe, muss ich immer an denselben Stellen weinen. Beim Bibellesen geht mir das nicht so. Aber ich bin tief berührt, wenn ich diesen in die Ecke gedrängten, schwachen, gedemütigten, misshandelten Menschen Jesus sehe. Ich muss mir Jesus immer wieder »herholen« aus seiner Unsichtbarkeit heraus. Er kommt mir besonders dann nah, wenn ich mich selbst in ihm entdecke. Wenn ich in dem schwachen, traurigen, verzweifelten, zermürbten, ringenden, bittenden Jesus meiner eigenen Angst, Trauer und Schwachheit ins Angesicht sehe. Auf einmal weiß ich mich von Gott verstanden und gesehen, bricht seine göttliche Allmacht auf in Nahbarkeit, Menschlichkeit, Erbarmen wie das Licht im Regenbogen.

In den nächsten Tagen wirkte das Bild in mir nach, änderte mein Jesusbild und führte mich zu der Frage nach meinem Selbstbild. Jesus war nicht länger der saubere, abgeklärte Hirte, der weit vorausging, unerreichbar weit, so weit, dass er manchmal schon um die Ecke gegangen schien, unsichtbar, nicht mehr viel mehr als eine Erinnerung, eine Ahnung. Ich war nicht länger das verlorene Schaf, das verzweifelt durch die Welt irrte, mutterseelenallein, hilflos, verloren. Ich war wieder daheim, angekommen bei diesem verletzten, mitfühlenden Jesus, in seinen göttlichen Armen.

In einer anderen Therapiestunde stießen wir auf meine Angst, aus Gottes Hand fallen zu können. Ich hatte solche Angst, dass meine Kraft nicht ausreichen würde, mich an ihm festzuhalten. Mein Seelsorger stellte eine kleine Holzfigur, ein Mädchen mit Pippi-Langstrumpf-Zöpfen, auf seine geöffnete Hand und ließ sie einen Finger umklammern. Ich sah, was geschah, wenn sie losließ. Nichts. Sie ruhte immer noch in der großen Hand. Die ganze Stunde hielt sich das kleine Mädchen fest und wurde doch gehalten. Er sagte, wir dürfen uns an Gott klammern, weil wir Menschen sind und uns dieses Bild hilft. In Wirklichkeit aber ruhen wir in Gottes Hand, die uns nie mehr loslässt. Gott ist es, der hält. Dieses Bild habe ich mit hinübergenommen in meine andere Zeit.

Seit einigen Wochen geht es mir besser. Gott hat gehandelt, zu seiner Zeit.

Eines Tages begann er, mich zügig aus dem Tal zu führen. Als ich ganz unten war, entdeckte ich Licht am Ende des Tals. Ich musste mich nicht mühsam nach oben arbeiten, sondern ließ das Tal Tag für Tag weiter hinter mir, indem ich mich aufmachte und es verließ. Mein Körper erholte sich zuerst. Irgendwann fand ich einen Arzt, der mir eine sinnvolle Schmerztherapie verordnen konnte. Dadurch wurde ich physiotherapiefähig und erhielt endlich kompetente Hilfe. Meine völlig eingesteifte Schulter heilte ohne Operation, ein kompetenter Physiotherapeut löste die Versteifung Schritt für Schritt in vielen Sitzungen. Als ich zum ersten Mal beide Arme parallel zum Himmel heben konnte, weinte ich vor Glück. Wie hatte mir diese Körperhaltung gefehlt. Gleichzeitig zeigten Schlaftabletten und Antidepressiva ihre entlastende Wirkung. Die Panikattacken verschwanden allmählich, der Schlaf, wenn auch künstlich herbeigeführt, nahm mir die Angst vor den einsamen Nächten. Drei Jahre lang erhielt ich in immer größeren Abständen therapeutische Begleitung. Stück für Stück kehrte Lebensqualität zurück. Eines Tages konnte ich wieder unter Menschen sein, lachen, weinen, beten, in der Bibel lesen. Ich war noch nicht die Alte, vermutlich würde ich nie mehr die Alte sein. Ich war verändert. Aber ich hatte wieder Hoffnung und Lebensfreude. Ich war um jeden Tag so dankbar, an dem ich schlafen, schreiben, gehen, kochen, in der Buchhandlung arbeiten, mit meinen Kindern fühlen, lachen und planen, meine Aufgaben wahrnehmen, in der Gemeinde dabei sein, mein Leben gestalten konnte.

Die darauffolgende Adventszeit war wie eine Offenbarung für mich. Ich habe neu schätzen gelernt, welches Wagnis Gott einging, als er uns Menschen seinen Sohn anvertraute. Was Jesus für mich getan hat. Und dass er mich liebt. In all meiner Angst vor Leid und Tod ist es für mich so wertvoll zu wissen, dass Jesus den Tod besiegt hat. Ich weiß, ich werde immer wieder konfrontiert werden mit Loslassen, Schmerz und Leid, aber ich habe die Hoffnung, dass in Gott alles einen Sinn hat. Auch wenn Gottes Schweigen sehr weh getan hat, habe ich erfahren, dass er treu ist. Je älter ich werde, umso dankbarer bin ich für die Perspektive der Ewigkeit. Wobei ich gern noch eine Weile das Leben genießen möchte ...

Anna schaffte ihr Examen, Lena ihr Abitur. Im Mai kam Annas Hochzeit, das war aufregend und intensiv. Abends saß ich an ihrem Bett, um sie noch einmal zu riechen und zu fühlen, sah dem Metermaß an ihrem Schrank zu, wie er jeden Tag einen Zentimeter kürzer wird, nahm Abschied, freute mich für sie, trauerte um sie, war stolz und gespannt.

Es war schön, als Familie dieses große Fest zu gestalten. Wir waren sehr glücklich.

Inzwischen ist Lena mit ihrem Freund (dem Bruder von Annas Mann ...) nach Australien geflogen. *Work and travel*, arbeiten und reisen. In fünf Wochen werden Anna und ihr Mann ihnen nachreisen. Unser Haus ist sehr still geworden. Nun sind auch die letzten Nabelschnurfädelchen abgenabelt. Werner und ich blicken zurück, versuchen nach vorn zu blicken, blicken uns an, schütteln unsere Felle und sortieren uns neu. Jan, unser »Kleiner« wird bald achtzehn ... achtzehn besondere Jahre. Neulich sagte Werner: »Jan ist so genial, wenn es ihn nicht gäbe, müsste man ihn erfinden!« Unsere nächste große Aufgabe wird sein, für Jan nach der Schule einen Platz zu finden. Das wird noch einmal sehr spannend werden.

Neben Trauer über so viel Abschied in unserem Leben ist da jede Menge Dankbarkeit über Bewahrung und Gelingen in all den Jahren mit den Kindern. »Ernte einfahren« nennt Werner das in seiner treffenden Art.

Diese Zeit meines körperlichen und seelischen Zerbruchs steckt mir manchmal heute noch in den Knochen. Das war eine schlimme Erfahrung, die mir in meiner Beziehung zu Gott sehr wehgetan hat. Das Gefühl, am ausgestreckten Arm zu verhungern war fast zu viel für mich. In dieser Zeit der Schwachheit hat Gott sich viel Zeit gelassen, mir zu begegnen, für meinen Geschmack fast zu viel. Ich war lang schwach, ohne dass ich Gottes Stärke erlebt habe. Er handelte zu seiner Zeit. Gottes Kraft habe ich damals vor allem durch Menschen gespürt.

Ohne diese Zeit der Schwäche, ohne das Zu-Hilfe-Nehmen von Rat hätte ich nicht noch vor dem Tod meiner Mutter ein sehr viel entspannteres Verhältnis zu ihr bekommen, hätte ich die Ablösung von den Kindern miserabler verkraftet. Ich hätte mich nicht aus einer für mich langjährig belastenden Beziehung gelöst, würde immer noch nicht wagen, Lesungen und Interviews zu geben, wüsste immer noch nicht, was ich selbst will und wollen darf. Und das Allerbeste: Mein Gottesbild, das geprägt war von ungünstigen Vater-Tochter-Erlebnissen in meiner Kindheit, ist heute vertrauensvoller und schöner, und die Beziehung zu meinem Vater ebenfalls.

# Öfter mal was Neues

Demnächst soll ein kleines Buch von mir erscheinen. Ein kundiger Herr vom Verlag schlug als ultimativen Titel »Kinder, Küche und ein Cowboy im Haus« vor, überzeugt, damit meine innerste Identität getroffen zu haben. Dann war ja diese Frage endlich auch mal geklärt! Hatte ich diesbezüglich noch letzte Anfragen an mich selbst, waren diese vorerst vom Tisch gefegt. Lediglich der Cowboy hatte Identitätsprobleme und damit war allerdings auch der Titel vom Tisch. Schlussendlich einigten wir uns auf den herben, missverständlichen Titel »Kittelschürzenschönheit«.

Nun musste ein griffiges Cover her, am besten mit mir im Kittelschurz in leicht ironischer Pose. Und hastduesnichtgesehen gab es einen höchst offiziellen Fototermin mit einem höchst professionellen Fotografen bei mir zu Hause. Das war heute.

Nachdem wertvolle Zeit mit dem Ausborgen von Kittelschürzen ins Land gezogen war, merkte ich ungefähr vorgestern, dass meine Frisur keine mehr war. Vorgestern aber war heiliger Friseurmontag und jeder Friseur hatte geschlossen. Gestern erfuhr ich, dass der Friseur meines Vertrauens im Urlaub weilte. Nun war fünf vor zwölf und mit letzter Not und gemischten Gefühlen bekam ich einen Termin beim Mitbewerber um die Ecke, beim Sohn des Maestro persönlich. Er sollte meine zu lang gewordenen Haare auf Schulterlänge kürzen und frisch durchstufen.

Ein unbekannter Friseur ist eine delikate Angelegenheit.

Trotz klarer Kommunikation meinerseits und hohem Engagement seinerseits stand ich zwei Stunden später mit einer unglaublich wulstigen Föhnwelle auf Kinnlänge im Stil von Tante Erna aus den 70er-Jahren auf der Straße. Lena erschrak zu Tode und erklärte autoritär und unmissverständlich, dass ich so weder bleiben noch auf irgendein Foto kommen durfte. »Absolut inakzeptabel! Dir bleibt nur eins: Fahr zum *Hairkiller* in die Stadt und sag denen, sie sollen dich wieder zehn Jahre jünger machen!« Mangels Alternative gehorchte ich. Als ich vorsichtig durchs Schaufenster guckte, sah ich lauter Teenager. Inklusive der Friseure. Mit dem Mut der Verzweiflung und dem Gefühl, dass es schlimmer nicht mehr werden konnte, schlenderte ich hinein, was ungefähr so entspannt aussah wie jemand, der mit den Zehen in eiskaltes Wasser tastet, während sich der Rest seines Körpers ziert und windet.

Eine Weile stand ich herum wie bestellt und nicht abgeholt. Irgendwann entdeckte ich weiter hinten eine Ladentheke und pirschte näher. Jeder Zentimeter an mir war sich bewusst, dass es sich hier um die dienstältesten Zentimeter des ganzen Ladens handelte. Alle waren hier gepierct, tätowiert und hatten mindestens lila Haare. Ich mit der Föhnwelle ... Tapfer schilderte ich Jeannette Problem und Anliegen, wie Lena es mir geraten hatte. Jeannette meinte: »Geh erst mal eine Nummer ziehen!« Das hier war ein Duz-Laden! Ich schlich zurück zum Eingang, eine Nummer ziehen, und fühlte mich wie Oma. Da ging der Salon auf und herein kam eine Oma am Krückstock. Selbstbewusst ließ sie sich neben mir in die Waschanlage helfen und von einer ganzkörpertätowierten, mehrfachgepiercten Lady genüsslich die Haare waschen. Sie plauderte aufs Selbstverständlichste über ihre lila Kombination von C&A, die der mild lächelnden Lady einen anerkennenden Pfiff entlockte. Ich begann, mich zu entspannen und schöpfte neues Vertrauen. Eine Weile später hatten Oma und ich einen hübschen kurzen Bob ...

Heute Morgen kaufte ich kurz vor dem Fotografentermin noch Fönlotion, Rundbürste und Lidschatten und bemühte mich sehr. Mittendrin klingelte es und eine junge Frau stand vor der Tür, tätowiert, gepierct, lila Haare: »Ich bin die Maske!« Zuerst dachte ich, wie psychedelisch ist das denn, dann begriff ich, dass sie mich schminken wollen würde. Panik, dass sie aus mir eine Maske machen würde ... Dann kamen Lektorin und ein sehr cooler Fotograf und wir haben fünf Stunden lang Fotos gemacht, den Großteil der Zeit mit Frau Wagners Kittelschürze auf Werners altem Motorrad. Ich habe immer noch eine ironische Lächelmaske auf meinem Gesicht und Muskelkater vom vielen Grinsen. In meinem Garten wird sich übrigens auch geduzt. Ein ganz seltsamer Tag ...

Als das Foto kam, das für das Cover ausgewählt worden war, war ich relativ erstaunt. Das war also das Ergebnis des ganzen Aufwandes? Dass an meiner Schürze der mittlere Knopf fehlte, hatte in der ganzen Aufregung niemand bemerkt ... *Nothing is perfect.*

# Keine Angst vor der Energie der kleinen Lady

Bei meinem morgendlichen Hundespaziergang treffe ich einen lieben Bekannten, einen jungen Vater mit seinen zwei kleinen Kindern und der Neuerscheinung *Monsieur*, einem mittelgroßen Hundewelpen. *Monsieur* vorne, *Monsieur* hinten, dazwischen viele unwirksam verhallende Anweisungen an die Kinder, die ihren Vater in Anspruch nehmen, wenn *Monsieur* es nicht tut. Der junge Mann hat keine Chance, sich mit mir zu unterhalten. Es tut fast weh zu sehen, wie viel er sich um Harmonie bemüht und wie wenig Harmonie dabei entsteht.

Wir gehen auseinander nach einer unbefriedigenden, eigentlich nicht stattgefundenen Begegnung. Nicht nur, dass der dreifache Nachwuchs verhindert hat, dass zwei Erwachsene sich unterhalten können. Ich habe auch ein wenig Sorge um diese feine Familie, in der zwei freundliche, intelligente Erwachsene es nicht wagen, ihren Kindern einen angemessenen Rahmen vorzugeben, in dem diese gedeihen können. Die aus Angst, der kindlichen Seele Schaden zuzufügen, die Verantwortung nicht wahrnehmen, liebevoll, aber klar Grenzen zu setzen.

Nachdenklich fahre ich zur Arbeit in die Buchhandlung. Und erlebe ein Déjà-vu: Eine junge Mutter tastet sich vorsichtig in die Ladenmitte, an der Hand einen fünfjährigen Jungen. Sie sagt, mit vorsorglich eingezogenem Nacken: »Linus, die Mama möchte aber auch ein wenig die Bücher hier ansehen, ja?« Behutsam zeigt sie ihm die Spielecke und versucht nach fünf Minuten, sich von ihm zu entfernen. Just in dem Augenblick stößt Linus sich allerdings an einem Baustein und muss herzzerreißend weinen. Er schluchzt geschlagene zehn Minuten lang, Mama setzt sich erst mal hin und tröstet ausgiebig. Dies soll keines der Kinder sein, die im Stich gelassen werden, wenn sie traurig sind. Irgendwann will Mama nun doch stöbern gehen, aber sofort meldet sich Linus' Aua zurück. Er wimmert: »Aber mir tut es so weh, Mama« und Mama steht ihm weitere zehn Minuten bei. Ich weiß nicht, wie es mit ihrer Geduld aussieht, meine geht bereits zur Neige. Die ängstliche Mutter tut mir leid, aber noch viel mehr der kleine Linus. Er hat Mama in der Hand. Eine schwergewichtige Angelegenheit. Nun hat er sie und muss sie die ganze Zeit beschäftigen und an sich binden und findet nicht zu dem, was ein Kind eigentlich tun sollte: einfach spielen. Wenn Eltern ihre Verantwortung nicht wahrnehmen, geben sie dem Kind eine Rolle, der es nicht gewachsen ist. Aber beide Pole gehören unbedingt zusammen: Liebe und die Verantwortung, Grenzen zu setzen.

Als ich selbst mit den Launen meiner Tochter sehr zu kämpfen hatte und ratlos war, welche mütterlichen Interventionen angebracht waren, halfen mir zwei Schlüsselerlebnisse, meinem Instinkt zu vertrauen. Zum einen war ich bei einer Lesung von Jirina Prekop, die das Buch »Der kleine Tyrann« geschrieben hat. Sie ermutigte uns Eltern dazu, unsere brodelnden, überbordenden Kinder anzufassen, zum Beispiel an den Schultern, ihnen fest in die Augen zu sehen, auch mal laut zu werden, klare, deutliche Worte zu reden. Es sei Eltern auch erlaubt, sich einer unnötigen Stresssituation zu entziehen und das Kind vorübergehend aus dem Zimmer zu schicken, bis es sich wieder beruhigt hat. In der Folgezeit erlebte ich, dass diese Art Klarheit verstanden wurde. Wenn meine Kinder laut und wild wurden, erlaubte ich mir, Energie dagegenzusetzen. Wenn es vorbei war, konnte ich ohne viel Aufsehens wieder liebevoll sein.

Es war nicht nötig, oft so aufzutreten. Als meine schreiende Tochter meine Liebe und meine konsequente, angstfreie Haltung spürte, kapitulierte sie und schmiegte sich an mich, wenn ich sie festhielt. Sie gewann Respekt, wenn ich sie aus dem Zimmer schickte, bis sie sich beruhigt hatte. Es entlastete unsere familiäre Gesamtsituation enorm. Als sie aus dem Trotzalter in die Pubertät wechselte und erneut unausgewogen und anstrengend wurde, sagte mir eine Freundin: »Bianka, halte die Energie der kleinen Lady aus! Sie wird erleichtert sein. Es geht einfach darum, den längeren Atem zu haben.« Es half! Neulich kam im Fernsehen eine Talkshow zum Thema Erziehung. Ein am Leben gereifter Vater meinte: »Wenn ein Kind im Nachhinein von seinem Vater sagt: ‚Er war ein bisschen streng‘, dann hat der Vater vermutlich einiges richtig gemacht!«

# Wie man die Ehe prickelig und die Liebe frisch hält

Mit 24 habe ich geheiratet. Mit wehenden Fahnen und sehr romantischen Vorstellungen. In meinem Zukunftsbild sah ich ein alleinstehendes Häuschen inmitten blühender Wiesen mit Obstbäumen, unter denen zahlreiche Kinder, die alle aussahen wie die Kinder von Bullerbü (das Häuschen sah aus wie Villa Kunterbunt) fröhlich miteinander spielten, bewacht von den lieben Augen eines braunfelligen Hundes, derweil Werner in einer Ecke meines Traumes Drachen steigen ließ, die ich von der Hängematte aus bewunderte, mit der linken Hand eine Wiege schaukelnd. Der Alltag nagte schnell an meiner rosa Wolke und das Unternehmen Partnerschaft nahm seinen Lauf, mit all seinen Hürden.

Nie hätte ich gedacht, dass es so schwer sein könnte, mit dem Mann meiner schlaflosen Nächte unter einem Dach zu leben. Keiner hatte mir gesagt, wie unterschiedlich Männer und Frauen sind. Nie hatte ich etwas davon gehört, dass man in eine gute Partnerschaft unaufhörlich investieren muss, nichts hatte ich gelernt über Kommunikation, Erwartungen abgleichen, Bedürfnisse aussprechen, Streitkultur. Innerhalb von zwei Jahren bekamen wir zwei Kinder. Unsere Karten wurden noch einmal neu gemischt. Und wieder: Nie hätte ich gedacht, welche Kämpfe nötig sind, um in unsere neuen Rollen als Eltern zu schlüpfen und wie sich Mann und Frau durch die Geburt von Kindern noch einmal verändern ...

»Viele Kinder« war mein kühner Traum – nach der Hochzeit. Als Anna auf der Welt war und alle mir auf die Schultern klopften, weil sie so unkompliziert war: »Fünf Kinder!« Nach Lenas Geburt träumten wir kleiner: Zwei Kinder genügten völlig! Zwei Kinder bekam man hin und wieder ganz gut unter. Ich hatte zwei Hände, an die zwei Kinder passten. Auf meinen Schoß passten zwei Kinder, und Werner und ich konnten uns unterwegs gut um zwei Kinder kümmern. Wir hatten zwei Kinderzimmer und zwei Sitzplätze im Auto für Kinder. Wir träumten nun von gemeinsamem Kanufahren und Bergwandern. In meinem Heimatort bekam ich die Leitung der Bibliothek angeboten.

Dann kam die Sache mit »*Meine Gedanken sind nicht eure Gedanken*« *(Jesaja 56,8a)*. Gottes Pläne waren nicht unsere Pläne. Mitten in die Zeit der angegriffenen Nerven kam unser drittes Kind. Schon die Schwangerschaft war reine Nervensache, aber nach Jans Geburt war nichts mehr, wie es vorher war. Jan war behindert und lebensbedrohlich krank. Die ersten zwei Lebensjahre verbrachte er mehr in Kliniken als zu Hause. Operationen und Therapien lösten sich ab. Bald war unser mühsam errungenes Gleichgewicht dahin. Wir rieben uns auf zwischen der Verantwortung für drei kleine Kinder und hatten keine Zeit mehr füreinander geschweige denn für uns selbst. Die Erwartungen an den Partner waren größer als unsere Kraft. Wir steuerten in eine bedrohliche Krise. Zu Hause war Stress pur. Werner bekam beruflich interessante Angebote und hatte wesentlich mehr Freude daran, in den Aufbau seiner Karriere an seinem neuen Arbeitsplatz mit vielen interessanten entspannten Kollegen zu investieren. Als wir merkten, dass unser Lebensmodell im Begriff war zu scheitern, erschraken wir zutiefst.

Wir durchliefen einen schmerzhaften Prozess, der insgesamt Jahre dauerte, aber hier seinen heilsamen Anfang nahm: Wir entschieden uns noch einmal ganz neu füreinander und für unsere Liebe. Der erste Eckstein zu unserem Unternehmen Ehereform war Werners Mut zum Karriereknick, zu seiner bewussten Entscheidung zu kleinen Brötchen. Werner gab mir und den Kindern wieder den ersten Platz in seinem Leben. Dass er etliche Aufstiegsmöglichkeiten ablehnte, weil sie mit größerem Zeitaufwand verbunden gewesen wären, gab mir Vertrauen in sein Ja zu uns. Ich war stolz auf ihn. Werner hielt sein Versprechen und war seither abends ab 16.30 Uhr präsent.

Wir nahmen uns neu ernst und suchten, als es Jan körperlich besser ging, aktiv nach Möglichkeiten der Entlastung. Eine Zeit lang wanderte jede übrige Mark in die Hände zuverlässiger Babysitter und wir lernten die Lokale der Umgebung und unsere Herzen neu kennen.

Wir begannen, nach den Fixpunkten zu suchen, an denen sich unsere zwei Geraden überschneiden. Die wollten wir ausbauen. Was war es, was uns gemeinsam Spaß machte, worüber freuten wir uns beide, wonach sehnten wir uns ganz praktisch, was waren unsere Träume?

Nach der Ernüchterung begannen wir, neue Kapitel in unserem Leben aufzuschlagen. Anfangs nur mit einem kleinen Hoffnungsschimmer im Herzen, dann immer mutiger. Der Wohnwagen war das erste davon. Wir haben unsere alte Leidenschaft zu reisen aufgegriffen und nach langer Pause eine Form gefunden, die mit den Kindern gut vereinbar war. Urlaub bekam wieder eine Schlüsselfunktion in unserer Lebensgestaltung. Der Wohnwagen half uns, zum Preis einer normalen Urlaubsreise mehrmals im Jahr für einige Wochen dem Alltag zu entfliehen. Wir erlebten uns immer wieder entspannt außerhalb der gewohnten Umgebung mit ihrer Routine, ihren Sachzwängen, dem Zeitdruck, den Terminen und Zeiträubern wie ungebetene Gäste, Telefonate und E-Mails. Diese Auszeiten sind uns bis heute wertvoll. Wir haben Zeit, um in Ruhe zu reden, bis alles gesagt ist, Zeit, uns zu reiben und wieder neu aufeinander abzustimmen. Wir erleben uns als Paar und haben die nötige Gelassenheit für Körperkontakt und Spiel.

Jedes Mal erlebe ich, dass mich dieser Mensch an meiner Seite wieder neu fasziniert, dass er in der Zwischenzeit wieder Gedanken und Ziele entwickelt hat, von denen ich nichts bemerkt habe. Was wir zu Beginn unserer Beziehung selbstverständlich praktizierten, hat sich uns neu verinnerlicht: Aus tiefem Interesse am anderen fragen, hinhören, uns mitteilen. Wenn man sich sehr vertraut ist, besteht die Gefahr, dass man das Interesse aneinander verliert. Man meint, den anderen in- und auswendig zu kennen und erwartet kein Neuland mehr. Ein folgenschwerer Irrtum. Kommunikation war für uns der Schlüssel zu Nähe und Intimität.

Mag sein, dass wir im Urlaub in den ersten zwei Tagen noch über Arbeit, Gemeinde, Schule, Freunde, Eltern reden. Aber dann reden wir nur noch über uns. Am Ende, wenn wieder alles gesagt ist, reden wir über das Meer, den Sand, den Wind, die Menschen, die hier leben. Dann schweigen wir miteinander. In diesen Zeiten kann es passieren, dass sich uns neue Horizonte erschließen. Dass neue Visionen entstehen. Dass wir neu planen, wie es mit unserem Leben weitergehen soll. Hier, im Abstand von Alltag und Beziehungen, in völliger Unerreichbarkeit, beginnt oft etwas spannendes Neues. Am Ende freuen wir uns wieder auf zu Hause, können Altbewährtes wieder neu schätzen und haben neue Kraft geschöpft.

Der Gipfel an Genuss kommt im Herbst: Da verstauen wir die Kinder bei Großeltern, Tanten und Freunden und verbringen ein ganzes riesenlanges Wochenende nur zu zweit. Und so sehr mich manchmal schon die Wehmut packt bei dem Gedanken, dass die Kinder dermaleinst nicht mehr mit uns reisen wollen, so sehr freue ich mich gleichzeitig darauf, nur noch mit Werner in Urlaub zu fahren.

Wir wandern stundenlang, reden in Ruhe miteinander, essen, wann wir wollen und machen überhaupt, was uns beliebt. Und das Beste: Keine Kinder! Keine Forderungen, keine Verantwortung, kein Streit, keine Bedürfnisse vor unsere stellen, Ruhe. Der Wohnwagen ist geräumig und still. Diese Stille! Sehr behaglich! Wie uns das guttut! Abstand von dem nervenzerreißenden Getümmel daheim. Aus dem Bauch raus leben, ausgiebig frühstücken, abends essen gehen, reden, reden, reden. Und ganz natürlich ist Raum für weitere Annäherung, ohne Timing, ohne Hetze, ohne Müdigkeit, ohne Störung. Was bleibt: Ich habe keine Angst vor der Zeit, wenn die Kinder uns einmal verlassen werden. Wir haben uns etwas zu sagen jenseits von Kinder Küche Karriere. Wir sind uns vertraut und dennoch fremd genug, um uns anzuziehen. Es ist und bleibt interessant miteinander. Man könnte sich fast daran gewöhnen …

Mit dem zweiten Kapitel haben wir uns einen gemeinsamen Kindheitswunsch erfüllt: Wir haben uns einen Hund gekauft. Charly war ein Glücksgriff. Dieses große, treue, fröhliche, bewegungsfreudige Tier verhalf uns zu abendlichen Plauderzeiten in der Natur und zu vielen ganztägigen Familienausflügen. Wandern wurde zu einer beliebten Wochenendbeschäftigung. Wir mögen alle Tiere und wir mögen es, draußen in der Natur zu sein. Werner und ich haben mit Charly etwas gefunden, woran wir gemeinsam Freude haben. Es hat so Spaß gemacht, seine Entwicklung vom Welpen zum erwachsenen Hund zu beobachten und ihn zu erziehen. Wir lachen viel wegen Charles dem Großen und fühlen uns beschützt durch ihn.

Unsere gemeinsame Naturliebe hat uns zu unserem dritten Kapitel geführt: Schon lange haben wir uns nach einem Stück Boden gesehnt, das wir selbst gestalten können. Nach einem Platz auf der Welt, der einen weiten Horizont hat und uns Zuflucht bietet. Als ich Omas Acker erbte, haben wir ihn in jahrelanger Arbeit zu einem Freizeitgrundstück umgeformt. Dort verbringen wir viele Stunden gemeinsam mit säen, hacken, wässern, Unkraut jäten, ernten, mähen, Holz hacken, aber auch am Lagerfeuer, im Schatten mächtiger Bäume, die wir als Sämling gepflanzt haben, im Zelt, am Grill, auf der Löwenzahnwiese, in den Himbeerbüschen, in der Wassertonne. Unser »Acker« ist gut mit dem Fahrrad zu erreichen und so sieht unser Feierabend oft so aus, dass wir mit dem Hund und so vielen Kindern, wie noch mitwollen, rausradeln, arbeiten und dann ruhen. Die Blicke schweifen lassen und – wieder – reden.

Lange waren wir sehr hilflos bei der Gestaltung unserer gemeinsamen Abende. Werner sieht gern fern, während ich lieber lese und schreibe. Das gab oft Frust und Platzkämpfe. Die lauten Bilder irritieren mich beim Lesen und meine Irritation irritiert Werner beim entspannten Fernsehen. Rettung zeichnete sich ab, als ich im Zuge eines Dachausbaus die Speisekammer als eigenes Zimmer beziehen konnte. Nun müssen wir uns schon verabreden, wenn wir den Abend gemeinsam verbringen wollen. Wenn ich mich abends ins Wohnzimmer setze oder Werner mit einem Glas Wein in meiner Tür steht, ist das das Signal für Lust auf Abwechslung. Durch die Urlaubsabende unterm Sternenhimmel haben wir es uns im Sommer zur Tradition gemacht, mit Kerzen und Wein im Garten zu sitzen, sobald die Kids im Bett sind. Das ist friedlich und urgemütlich. Sommerabende im Haus zu verbringen empfinden wir beide als Vergeudung.

Je älter unsere Kinder wurden, desto mehr hatten wir das Gefühl, in einer WG zu leben. Wir haben oft davon geträumt, einen zusätzlichen Raum anzubauen, zu dem nur wir beide Zutritt hätten und der eine Wohltat wäre für alle Sinne. Dazu kam es nie. Nachdem wir lange genug unserer Spontaneität nachgeweint hatten, begannen wir, uns immer mal wieder zu einem nächtlichen Rendezvous mit offenem Ausgang zu verabreden. Zu meiner Verwunderung hat sich das bewährt. Körperliche Nähe ist nicht nur spontan schön. Geplante Wellnessabende können wundervoll sein

Unser Sturmtief ist zehn Jahre her. Aber wir haben nicht aufgehört, nach unseren Träumen zu fragen und nach Möglichkeiten zu forschen, diese zu verwirklichen. Unsere jüngste Traumannäherung ist das gemeinsame Reiten.

Auch ein Kindheitstraum, den wir ausgegraben haben, als wir Anna ermöglichten, Reitunterricht zu nehmen und spürten, wie wir neben unserer Freude mit ihr zunehmend neidisch wurden. Wir unterstützten sie deshalb so sehr, weil unsere eigene Sehnsucht uns antrieb. Als wir sie im letzten Sommer bei Sonnenuntergang in Holland am Meer entlanggaloppieren sahen, platzte der Knoten. Zu Hause angekommen meldeten wir uns zum Reitunterricht an. Der Reitlehrer lachte angesichts unserer Ungeduld, als wir drei Wochen auf den ersten Termin warten mussten. »Ich weiß, in eurem Alter soll es lieber gestern sein. Aber jetzt habt ihr so lange gewartet, da kommt es auf drei Wochen auch nicht mehr an …« Seither ist Reiten unser Lieblingsthema.

Wenn uns jemand belauschen würde, wie wir nach der Reitstunde entkräftet, glücklich und aufgeregt auf der Gartenbank sitzen und unsere Erlebnisse verarbeiten, würde er sich wahrscheinlich krummlachen. Werner sagte neulich: »Seit ewigen Zeiten habe ich nicht mehr diese Intensität eines Erlebnisses gehabt und etwas so entgegengefiebert!« Bei mir ist es dasselbe.

Es ist schön, eine Aufregung und ein Ziel zu haben. Es ist klasse, sich gegenseitig zu helfen, die Pferde im Stall fertigzumachen. Nie hätte ich gedacht, dass Partnerschaft ein so komplexes Unterfangen ist. Aber noch weniger habe ich erwartet, dass Reiten so schwer zu erlernen ist. Als ich das Paket Werner geheiratet habe, wusste ich noch nicht, dass Ritterlichkeit nicht im Preis inbegriffen war. Manchmal habe ich sie vermisst. Aber beim Reiten kommt sie zum Vorschein. Ich brachte weniger Angst ins Reiten mit. Aber er ist derjenige, der schneller lernt, sich geschickter anstellt, das bessere Körpergefühl hat. Ich werde in hundert Jahren noch Fehler beim Aufsatteln machen und bin dankbar, wenn er meine Schnallen noch einmal nachsortiert. Er ist der Motor, der uns vorantreibt und mir hilft, durchzuhalten. Unser nächstes Ziel ist es, dieses Jahr im Sonnenuntergang am Meer entlangzugaloppieren …

Wir haben einen guten Fundus an Gemeinsamkeiten, das hat uns den Neubeginn erleichtert und macht die Jahre immer schöner miteinander. Langweilig wird uns nicht. Und neben all dem, was wir mittlerweile lohnenswerter Weise gelernt haben an Streitkultur, Kommunikation, Wissen übereinander und über Beziehung, haben wir ohne Ende profitiert von dem Fundament, auf das wir unsere Ehe gebaut haben – ohne Jesus wären wir heute vielleicht nicht mehr zusammen.

# Himmlische Duftnote

Mutti starb über Nacht. Seit ihrem überraschenden Tod habe ich zu Schmetterlingen einen besonderen Bezug. Die Verwandlung der Raupe zum Schmetterling ist für mich zum zentralen Gleichnis für Leben, Sterben und Auferstehen geworden. Mein Seelsorger, der mich auch in dieser Zeit der Trauer begleitete, verglich das irdische Dasein mit dem Leben einer Raupe. Wie sie mühen auch wir uns ein Leben lang ab, voranzukommen. Der körperliche Verfall meiner Mutter, ihr eingeschränkter Handlungsspielraum in ihren letzten Lebensjahren waren schon Anzeichen der Raupe, die begann, sich zu verpuppen, vergleichbar mit dem Tal des Todesschattens, von dem Psalm 23 spricht. Geduldig und klaglos ist sie immer unbeweglicher geworden, um eines Nachts einfach zu entschlüpfen. Verpuppung ist kein schöner Vorgang, umso herrlicher die Verwandlung von der erdigen Schwerfälligkeit der Raupe zur fröhlichen, virtuosen Leichtigkeit und Schönheit des Schmetterlings.

Mein Vater nimmt mich mit bei der Auswahl des Grabsteines. Er entscheidet sich für einen Stein, worauf eine Sonnenblume eingraviert ist. Darüber schwebt – ein Schmetterling. Seither ist jede Begegnung mit einem Schmetterling für mich wie ein Liebesgruß meiner Mutter vom Himmel.

Ich sehe nun überall Schmetterlinge. Lena schenkt mir einen Engel, der behutsam einen kleinen Schmetterling in seinen Händen hält. Gestern »flatterte« ein Prospekt über Altbausanierung in meinen Briefkasten. Auf der Vorderseite fliegt ein Tagpfauenauge von einem Hochhaus in den blauen Himmel hinein. Auf der Rückseite landet er auf einer blühenden Wiese …

Eines Tages wird mein Lieblingsdeo vom Markt genommen. Alle Deos, die ich in der Folgezeit verwirrt ausprobiere, lassen mich im Stich. Die Welt fühlt sich eine Spur heimatloser an. Ein letzter Versuch: Im Drogeriemarkt greife ich blind ins Regal der Deodorants, weil ich in Eile bin. Ich erwische eine Sorte, von der es nur noch drei Exemplare gibt. Gut, es könnte ein Ladenhüter sein. Aber genauso gut könnte es auch der Renner sein, womit eine Schar von Kundinnen so gute Erfahrungen gemacht hat, dass sie es leer gekauft haben. Ich nehme alle drei.

Als ich es heute benutze, trifft mich schier der Schlag. Auf dem Flakon steht *Special edition*. Er ist übersät mit Schmetterlingen. In der Mitte streckt eine Frau ihre Hände zum Himmel empor wie zur dankbaren Anbetung. Darunter steht: *Break free! Special edition* für Bianka vom himmlischen Grafikbüro … Ich habe das Gefühl, von Gott persönlich im Drogeriemarkt beraten worden zu sein. Mit einer neuen Deomarke, die auch noch fantastisch wirkt, erzählt er mir vom Durchbruch meiner Mutter in die ewige Freiheit … Ich liebe seinen Humor und seine Fürsorglichkeit!

Am Abend liegt auf meinem Kopfkissen ein Brief von Lena. Sie hat einen Text über den Heimgang ihrer Oma geschrieben:

*Am Tag der Schmetterlinge*
*Am Tag der Schmetterlinge war alles anders.*
*Das spürte man sofort.*
*Es lag etwas Schwermütiges und Trauriges in der Luft.*
*Zugleich aber war die Stimmung ausgelassen.*
*Eine merkwürdige Mischung.*
*So wie es jedes Mal war, man hatte sich schon daran gewöhnt.*

*Am zwölften Tag des letzten Monats im Jahr war es wieder einmal so weit.*

*Ein neuer Schmetterling sollte eintreffen.*

*Ein ganz besonderer, erzählte man sich.*

*Ein außergewöhnlich liebenswerter neuer Schmetterling,*
*wurde gemunkelt.*

*Erwartungsvoll und neugierig bereiteten die anderen*
*die Ankunft vor.*

*Schön sollte er es haben. Gleich von Anfang an.*

*Wohlfühlen sollte er sich.*

*Pudelwohl.*

*Sie waren entschlossen,*
*ihm den Übergang so leicht wie möglich zu machen.*

*Der neue Schmetterling sollte lachen, tanzen und singen.*

*So wie er es immer getan hatte, als er auf der Erde wohnte.*

*Sie wollten alles dafür geben, dass er so schön und froh bliebe.*

*Sie richteten ein wunderschönes Haus für den Schmetterling ein.*

*Mit großem Garten.*

*In ihm wuchsen die schönsten Blumen,*
*die man sich vorstellen konnte.*

*Alles war erfüllt von Blumenduft und die Vögel kündigten schon*
*seine Ankunft an.*

*Herrlich sah der Garten aus, da musste man sich wohlfühlen.*

*Alles war erfüllt von Leben, von Duft und Vogelgesang,*
*von Freiheit.*

*Im Haus des Neuankömmlings gab es genug Platz für all seine*
*Freunde und für all die lieben Schmetterlinge,*
*die von Zeit zu Zeit dazustoßen würden.*

*Auf diese freute man sich jetzt schon riesig.*

*Alte Bekannte und neue Freunde trafen am Tag der Ankunft*

*zusammen, um den Neuankömmling in Empfang zu nehmen.*
*Bald sollte es so weit sein. Es war alles vorbereitet.*
*Wundervoll würde es werden.*
*Auf der Welt lag ein Trauerschleier.*
*Der Winter war kalt und die Herzen schwer.*
*Doch hier oben herrschte reges, freudiges Treiben.*
*Nicht mehr lange.*
*Einer der älteren, erfahreneren Schmetterlinge flog los,*
*um den Übergang zu erleichtern.*
*Man wartete lange, starrte ins Leere, starrte nach unten,*
*wo alles schwieg, wo es keine Worte mehr gab.*
*Man freute sich. Erwartungsschwanger.*
*Man wusste, es würde gut werden.*
*Es hatte einen Sinn.*
*Erst sah man nur zwei kleine Punkte,*
*die langsam auf die anderen zukamen.*
*Sie wurden immer größer und deutlicher.*
*Alles staunte.*
*Einen so schönen, strahlenden, freundlichen und*
*hellen Schmetterling hatte man lange nicht gesehen.*
*Es brach Jubel aus. Freudenflüge. Willkommenstänze.*
*Der Ankömmling schaute sich scheu und vorsichtig um.*
*Doch dann fing er an, übers ganze Gesicht zu strahlen.*
*Er breitete seine Flügel aus und flog zu seinem neuen Zuhause.*
*Instinktiv.*
*Ohne Schmerzen.*
*Ohne Angst.*
*Frei und glücklich.*
*So wie es immer schon sein sollte.*

# Der Weg und das Ziel

Wir stecken in einer Zeit der Umbrüche. Die Kinder haben ihr Nest verlassen. So wirklich zu zweit sind wir allerdings auch noch nicht. Immer mal wieder tauchen sie mehr oder weniger überraschend auf und brauchen Zeit, Rat, Unterstützung. Dann lassen wir alles stehen und liegen und uns darauf ein. Sie sind weg und doch noch da. Das ist schön. Und etwas unzivilisiert.

Es gibt viele Stunden, in denen wir dasitzen und überlegen, was der Generalplan für die kommenden Jahre sein könnte. Alte, vergessen geglaubte Träume kommen an die Oberfläche. Einer davon die Idee eines eigenen Ladens mit einem Event-Café in unserem Wohnort. Es ist unsere alte Sehnsucht, einen Ort der Begegnung zu schaffen, Menschen willkommen zu heißen und mit ihnen zu teilen, was Gott uns geschenkt hat. Tausend Ideen beflügeln uns, tausend Gedanken sind zu bedenken und wir nutzen die Gelegenheit, sie denken zu dürfen. Wir wägen Für und Wider ab, versuchen den Preis für so ein Abenteuer zu berechnen und sind sehr inspiriert bis gestresst. Wir sind intensiv damit beschäftigt, zu prüfen, ob das nun das gemeinsame Projekt sein könnte, wonach wir seit Jahren gemeinsam Ausschau gehalten haben, wenn wir gesagt haben: »Wenn die Kinder aus dem Haus gehen, machen wir nochmal was Neues miteinander!« Wir verlieben uns in ein wunderschönes, geräumiges, optimal gelegenes Ladenlokal. Mit einer Freundin zusammen besuche ich kaufmännische Kurse, Branchenmessen, Großmärkte, Ladeninhaber, Café-Betreiber. Je mehr ich mich informiere, umso schwerer fällt mir die Entscheidung. Ich finde weder ein Ja noch ein Nein, es sprechen so viele Gründe dafür wie dagegen. Ich sehne mich nach etwas Neuem, nach einer gemeinsamen, sinnvollen Aufgabe mit Werner. Ich habe Angst vor Veränderungen und Risiken, die ich nicht abschätzen kann.

Wir stehen an einer Weggabelung. Welche Richtung sollen wir einschlagen? Manchmal meine ich, Gottes Stimme wegweisend vernommen zu haben. Es könnte aber genauso gut vermessenes Wunschdenken gewesen sein. Lange Zeit stehen die Waagschalen auf Gleichstand, ohne dass eine Entscheidung in Sicht ist. Ich bete immer wieder um Klärung, um Weisheit, um Wegweisung. Ich bin ratlos. Eines Morgens, bei Anbruch der Morgendämmerung, dämmert es auch in mir. Ein schmaler Lichtschein am Horizont, und plötzlich steht ein wesentlicher Teilentschluss ganz einfach fest. Ich kenne das. Diese Art friedlicher Klarheit ist ein vertrauter Hinweis darauf, dass der Heilige Geist in der Nähe ist. Ich entliebe mich wieder von dem Ladenlokal. Es ist zu groß, zu teuer, zu früh. Vielleicht bauen wir einen Wintergarten an unser Haus und errichten darin ein Lädchen mit moderaten Öffnungszeiten. Vielleicht …

Seit einiger Zeit sind wir Besitzer eines Navigationsgeräts, genannt Navi. Ich bin fasziniert von dem kleinen Kästchen. Ich steige ins Auto und gebe den Zielort ein. Navi erstellt für mich einen Plan. Wenn ich vom vorgeschlagenen Weg abweiche, sucht Navi ein bisschen, dann ordnet es Tausende von Straßen neu und schlägt einen neuen Weg zum Ziel vor. Navi behält mein Ziel immer im Blick. Mich auch, es weiß immer, wo ich mich befinde. Es lässt mir stets die Freiheit, andere

Wege einzuschlagen, ohne dass etwas Schlimmes geschieht. Es verarbeitet die veränderten Informationen um mich herum und schlägt mir mit unbeirrbarerer Freundlichkeit einen neuen Weg zum Ziel vor. Es gibt nicht den einzig richtigen Weg, es gibt keinen *Point of no return*.

Wenn Navi der Aufgabe gewachsen ist, aus einer Fülle von Informationen herauszufinden, wo ich mich befinde und was gut für mich ist, wie viel mehr sollte dann nicht Gott um mich und meine Bestimmung wissen?

Ich will daran festhalten, dass Gott um mich weiß. Immer. Ich möchte glauben, dass er das Ziel für mich im Auge hat. Ich will mich vertrauensvoll an ihn halten und ein offenes Herz für seine Vorschläge bewahren. Wenn mir das bei meinem Navi gelingt, habe ich nicht allen Grund, das auch Gott zuzutrauen? Das Gebet ist seit Jahrtausenden Gottes bewährte Navigationshilfe für die Wirren unseres Lebens.

Als ich mit Werner darüber rede, meint er: »Ja, ein Navi ist wie Gott: Es gibt Orientierung, aber wir müssen schon auch mitdenken. Gott gibt Impulse in unser Leben hinein, aber wir müssen uns auch selbst orientieren.«

Gott, ich danke dir für all die Jahre, in denen du mir Weg und Ziel warst und mich nie alleingelassen hast. Bitte hilf mir, herauszufinden, wo in den nächsten Jahren mein Platz im Leben sein darf. Wenn du mein Ziel im Auge behältst, kann ich mich gelassen und voller Vertrauen auf den nächsten Schritt konzentrieren.

# Lobhudelei

Lob und Anerkennung sind meine Liebessprache. Ich zerfalle, wenn mich jemand tadelt. Ich blühe auf, wenn mir jemand etwas Schönes sagt. Wenn dieser Jemand der Mann an meiner Seite ist – umso besser. Balsam für meine Seele sind Sätze wie »Eine Frau wie dich würde ich nie wieder finden!« Das füllt meinen Liebestank. »Du bist für mich eine sehr schöne, attraktive Frau!« Sehr rückenstärkend!

Ich will das immer wieder hören: »Du bist das Beste, was mir je passiert ist!« Wenn es nicht freiwillig kommt, greife ich zum legitimen Hilfsmittel *»Fishing for compliments«*:

»Wenn ich mich gemacht hätte, hätte ich mir mehr von diesem logischen Denken gegeben, das man heute so oft gebrauchen könnte«, klage ich. »Du bist unersättlich!«, findet Werner gut gelaunt. »Was willst du noch mehr? Du hast doch schon so viel!« Mein weiblicher Instinkt wittert eine Chance. Komplimente fallen nicht vom Himmel. Frau muss sie holen, wenn sie sie braucht. Werner singt: *»Ich hol dir keine Sterne mehr vom Himmel, die liegen nachher doch nur bei uns rum …«*.[3] Wie nett! »Ach, was habe ich schon?«, frage ich mit Zerknirschung in der Stimme und meine es ja durchaus ernst.

Und da passiert es wieder, was alle Schaltjahre passiert und ich für die nächste Durststrecke speichere wie ein Kamel das Wasser – Werner sagt mir, warum er ausgerechnet mich liebt, geheiratet hat und noch einmal heiraten würde, warum er sich auch heute noch in mich verlieben würde, wenn es mich bisher nicht gegeben hätte oder er aus unerklärlichen Gründen plötzlich allein wäre und mich dann kennenlernen würde. Er macht sich richtig Gedanken, pauschalisiert nicht und macht die Stunde doch noch zur Sternstunde. Anfangs grinsend, beginnt er aufzuzählen. »Du beherrschst neben deinem genialen Dialekt auch die deutsche Sprache, auch im Schreiben, dafür bewundere ich dich! Du kannst gut Konversation machen, vielleicht lernst du auch noch besser zuzuhören, hohoho. Nee, ich meine das durchaus ernst. Du bist lebensfroh, lachst oft und hast eine so positive Ausstrahlung! Das tut mir so gut. Du bist eine gute Mutter, auch heute mit den heranwachsenden Kindern. Ich finde, du kriegst das super hin mit mir, den Kids und dem Haus. Du kannst dich gut in mich hineindenken und mich verstehen. Du kochst klasse, immer besser. Du kümmerst dich um unseren Urlaub, darüber bin ich sehr froh. Du bist eine tolle Frau. Du erträgst mich auch, obwohl ich zuviel wiege!« Ich sauge jedes Wort auf. »Du bist die ausgereifte, konsequente Weiterentwicklung der Frau, die ich geheiratet habe!«

So könnte das noch Stunden weitergehen. So viele Sterne – das reicht wieder für ein halbes Jahr. Muss! Aufgetankt stürze ich mich ins Leben.

# Vorfreude ist die schönste Freude

Wir durchqueren den großen Tunnel Richtung Süden. Werner hofft auf Wetterwende. Bisher sind wir die ganze Zeit im strömenden Regen gefahren. Er kommentiert aufgeregt die entgegenkommenden Autos: »Der LKW-Fahrer hat Shorts an! Die Autos haben alle trockene Scheiben! Die Straße ist auch noch trocken! Es hat 25 Grad! Vor dem Tunnel hatte es 10 Grad. So schnell kann sich doch kein Tunnel erwärmen!«

In Erwartung von etwas Besserem zu leben ist schön. Leben in Hoffnung. Mir kommt ein Ereignis vor zwei Jahren in den Sinn …

Lena kommt bald zurück. Acht Monate lang war sie in Australien. Es macht mir riesig Spaß, ihr Zimmer zu putzen. Wie im Freudentaumel beziehe ich alles frisch, wienere Fenster, Möbel, sogar die Holzdecke. Dabei bin ich die ganze Zeit in Gedanken bei ihr. Wie lange habe ich gewartet! Das Ganze erinnert mich ein wenig daran, wie ich unserem eigenen Pferd entgegenfieberte, wie ich meinen Augen kaum traute, als es ankam, wie Werner es in seinen Stall führte, den ich stundenlang geputzt hatte. Wie damals begreife ich erst beim handgreiflichen Vorbereiten: Mein Kind kommt wirklich wieder! Eine Tochter kehrt in mein Leben zurück! Freiwillig. Gern. Ich spüre sie in diesen vier Wänden. Ich liebe sie. Ich lege Geschenke auf ihr Bett und mache beim Supermarkt einen Großeinkauf wie seit acht Monaten nicht mehr. Welch ein Unterschied, ob ein geliebter Mensch in acht Monaten zurückkehrt oder in acht Tagen. Lena kommt bald!!

SMS fliegen hin und her. Auch Lena macht sich innerlich auf den Weg. »*Danke, dass du mein Abenteuer so miterlebt hast. Danke, dass du dich mitgefreut und mitgelitten hast. Danke für all deine Gebete. Dein Dasein und deine Unterstützung sind über alle Ozeane zu mir durchgedrungen. Deine Mutterliebe hat bis ans andere Ende der Welt gereicht, sie hat mich in den letzten acht Monaten beflügelt und getragen. Du kennst mich, meine Seele und mein Herz. In tiefer Dankbarkeit und Freude, dich zu haben. I am back!! I'm really looking forward to see you!! Deine Lena*« Mein Herz ist bis an den Rand angefüllt mit Vorfreude.

Ich habe die letzten sechzig Kalendertage rückwärts durchnummeriert. Tag Null! Das lang ersehnte Datum wird zum Heute. Als wir wieder den langen Weg zum Flughafen fahren, schreibe ich jubelnd in mein Tagebuch: »Lena hat heute den halben Erdball umrundet. Es macht einen großen Unterschied, in welche Richtung! In einer halben Stunde wird sie landen. Wie viel schöner ist es, aufeinanderzuzureisen, um sich wiederzusehen als voneinanderwegzureisen, um sich zu trennen!« Ich gebe meinen Tagebüchern immer Titelbilder. Auf diesem steht Picassos wartende Frau am Fenster ...

Ob Gott sich so auf mich freut? Immer mehr freue ich mich an der Vorstellung, dem Himmel entgegenzureisen. Irgendwie ist es ähnlich schön, auf eine Art noch tief greifender als das Gefühl, nach langer, aufregender, anstrengender und zermürbender Reise wieder nach Hause kommen zu dürfen. Oder das Gefühl, nach langer, zähflüssiger Wartezeit am Ziel des Ausharrens angelangt zu sein.

Man könnte vermuten, dass man, je älter man wird, mit immer weniger Erwartungen durch das Leben geht. Aber sollte es nicht umgekehrt sein: Sollte unsere Erwartungshaltung auf das, was nach dem Hier und Jetzt kommen mag, nicht mit abnehmender Lebenserwartung (also täglich …) zunehmen? Macht unser überaus verheißungsvolles Lebensziel unser Leben nicht freud- und sinnvoll? Ich will die Vorfreude nähren, fasziniert vom Unvorstellbaren, dieser gigantischen, kosmischen Perspektive des Himmels, wo Gott auf mich wartet …

*Habt keine Angst. Ihr vertraut auf Gott, nun vertraut auch auf mich! Es gibt viele Wohnungen im Haus meines Vaters, und ich gehe voraus, um euch einen Platz vorzubereiten. Wenn es nicht so wäre, hätte ich es euch dann so gesagt? Wenn dann alles bereit ist, werde ich kommen und euch holen, damit ihr immer bei mir seid, dort, wo ich bin. Ihr wisst ja, wohin ich gehe und wie ihr dorthin kommen könnt.*

*Johannes 14,1-3*

# Der andere ist so anders

Retroabend mit Anna und Lena. Statt wie geplant den Film anzusehen, den wir früher so mochten, reden wir ewig. Anna massiert meine Füße. Plötzlich zückt sie Nagellack aus ihrer Handtasche und legt los. Erst wundere ich mich, dann lache ich und am Ende gefällt es mir erstaunlicherweise. Was noch erstaunlicher ist: Werner mag es auch. Elegant findet er es. Ah, in mir steckt Eleganz, wenn man mich nur etwas aufpoliert! Hängt vielleicht mit dem Vermächtnis meiner Mutter zusammen, die einmal zur Dorfprinzessin gewählt wurde. Jedenfalls kaufe ich mir ein paar Wochen später zum ersten Mal im Leben Nagellack. Das zeigt, dass es noch echte Versöhnung gibt, auch in meinem Alter. Nein, eigentlich mag ich meine Füße ja einigermaßen, mal abgesehen von dem einen abspreizenden Zeh, der mir als Teenager viel Häme einbrachte. Das Ergebnis lässt allerdings zu wünschen übrig. Ich lackiere nicht nur meine Nägel, sondern auch die umliegende Haut, so sehr ich mich auch anstrenge. Einzelne Nägel kleben zusammen und der Lack ist wieder dahin. Werner meint: »Kein Wunder, so wie du das machst. Du musst etwas zwischen die Nägel stecken, um sie auseinanderzuspreizen. Und viel länger warten, bis der Lack richtig trocknet.« Arroganz des Handwerkers! Ich entferne alles wieder mit Nagellackentferner, aber auch das gelingt irgendwie stümperhaft. Hinterher sehe ich nicht elegant aus, sondern als wäre ich nach mittelalterlicher Manier barfuß durch rote Trauben gewalzt, um sie zu Saft zu pressen. Ich frage den arroganten Lackiererexperten, ob er mein persönlicher

Nagelstylist sein möchte. Erst sieht er mich an, als hätte ich ein unmoralisches Angebot gemacht. Dann sehe ich es hinter seiner Stirn denken, ob ich ihn auf den Arm nehme. Ich gucke treuherzig. Die handwerkliche Herausforderung siegt. »Ich brauche Papiertücher. Und deine Lesebrille.« Ich kichere. Das wird wundervoll werden! Der Mann mit den großen Händen macht sich an die Feinarbeit. Wie zu erwarten kann er auch das. Vermutlich vom Nachbessern kleiner Lackschäden am Auto. Während ich ihm meine Füße hinhalte, hüte ich mich sorgsam, dass ich keinen Lachanfall bekomme. Zu köstlich ist das. »Du könntest ein Nagelstudio eröffnen!« Er brummt: »Genau das habe ich mir schon immer gewünscht! Was meinst du, was da alles ankommt! Mit Mutterboden unter den Nägeln, grünen Füßen vom Rasenmähen …« Ich verteidige mein Geschlecht. Die kommen zu hundert Prozent mit reinlich gewaschenen Füßen, aber er könne ja ganz unverdächtig zu seiner Sicherheit mit einem Wohlfühlbad beginnen. »Selbst dann! Was meinst du, was da für Füße kommen! Halux, Hornhautwucherungen, Zehenverwachsungen …« Brummt, lackiert, bessert aus, flucht leise, wischt weg und meint auf meine Frage, ob er mein persönlicher Sommernagelstylist werden möchte: »Kann ich machen, aber dann musst du dir die Nägel wachsen lassen, nicht so im Landfrauenstil, pragmatisch kurz.« Und auf mein Nachbohren, ob ihm meine Farbwahl gefällt, brummt er kurz und abschließend: »Genial! Die oder keine.« Hab mich lang nicht mehr so amüsiert. Was für ein Mann …

Vermutlich werden wir den anderen nie wirklich kennen. Auch wenn Adams innigstes Wort für körperliche Nähe »erkennen« war. Aber erkennen und kennen sind ja auch noch einmal zwei Paar Stiefel. Das unterscheidet uns nun wieder von Gott. Nur Gott kennt uns Menschen wirklich. Aber während wir noch denken, den anderen nun wirklich und endlich zu kennen, hat der sich bereits wieder verändert. Den Partner zu kennen, zu verstehen gar, bleibt Lebensaufgabe. Nun hoffe ich nur, wenn ich mal im Himmel bin, dass ich Werner mindestens erkennen werde. Ich möchte doch zu gerne wissen, wie es mit uns beiden weitergeht …

# Gemischte Gefühle

Dass unsere drei »Kinder« allesamt flügge bis ausgeflogen sind, beschert uns nun zum zweiten Mal einen Urlaub zu zweit, den man wirklich Urlaub nennen kann. Sieben Tage am Stück sind wir nur für uns. Füreinander. Nachdem wir die letzte Auszeit im vorigen Sommer zu einem Abenteuerurlaub in unbekannte Gefilde genutzt hatten, machen wir dieses Mal eine *Revivaltour* in die Gegend unseres allerersten gemeinsamen Urlaubs. Wir packen unsere Siebensachen und den Hund in unser auf die neue Familiengröße geschrumpftes Wohnwägelchen und fahren gen Süden. Wie früher haben wir Glück und erwischen nach einigem Suchen einen sehr ursprünglichen, nur mit wenigen Sternen bedachten Campingplatz direkt am Fluss. Ohne Kinder brauchen wir weder Pool noch Restaurant, weder Supermarkt noch Animation. Wir brauchen Natur und unsere Ruhe. Wie damals. Es ist eine wunderschöne Erfahrung, dass wir auf eine veränderte Art zwar aber dennoch erkennbar dort anknüpfen können, wo wir zu zweit begonnen haben. Wir entdecken immer noch dieselben gemeinsamen Interessen und Leidenschaften. Und immer wieder erkennen wir auch, wo wir uns verändert haben, wo wir als Einzelner und als Paar gewachsen sind. Zugegebenermaßen auch hin und wieder, dass wir an mancher Baustelle seit Jahr und Tag immer noch am Arbeiten sind …

Auf der Heimreise holen wir Jan von seinem Aufenthalt auf dem Sommerlager ab. Wir hatten uns für Abbauarbeiten eingetragen. Jan hat als Springer mitgearbeitet. Ich bin gespannt, wie es ihm ergangen ist und hoffe, dass sich davon vor Ort noch etwas erspüren lässt. Ich bin enorm stolz auf ihn, wie er sich durchgeschlagen hat, trotz Sprach- und Hörbehinderung, trotz seiner beidseitigen Linkshändigkeit, zum ersten Mal ganz ohne die Unterstützung seiner Schwestern, die bisher auf dem Lager immer dabei gewesen sind. Leider spüre ich vor allem, wie einsam er zuweilen gewesen sein muss und wie er zu kämpfen hatte. Die Köchin sagt, dass er meistens als Erster zum Schlafen ins Zelt gegangen ist, während die anderen noch lang am Lagerfeuer saßen. Als wir gehen, verabschiedet sich kaum jemand von ihm. Wie sehr Jan angenommen wird, hängt davon ab, wie reif die Menschen um ihn herum sind, ob sie ihn wahrnehmen, ob sie sich die Zeit nehmen, sich in seine Sprache reinzuhören, ob sie sich auf seine so besondere Seele einlassen. Ein wenig angeschlagen ist meine Mutterseele, als ich von einer Mitarbeiterin höre, dass er ihr die ersten Tage etwas orientierungslos vorkam. Mir wird klar, dass selbst in einem christlichen Lager nur begrenzte Kapazitäten für Menschen mit besonderen Bedürfnissen sind. Umso großartiger, dass Jan durchkam und nächstes Jahr wiederkommen möchte.

Mit gemischten Gefühlen fahre ich zum Supermarkt. Zwei Rollstuhlfahrer fahren durch die Gänge und bremsen den Einkaufswagenverkehr runter auf eine völlig andere Lebensgeschwindigkeit. Sie sind stark verkrümmt aufgrund spastischer Lähmungen. In Begleitung zweier junger Damen machen sie ihre Einkäufe. Wohin ich in der nächsten Viertelstunde auch gehe, kreuze ich die beiden Männer. Ihre Behinderung macht mich befangen. Ich weiche ihren Blicken aus, möchte ihnen standhalten, will ihnen freundlich gegenübertreten, aber nicht auffällig freundlich, versuche ein Lächeln, finde es grundlos, ich lächle schließlich auch nicht die anderen Männer des Ladens an, habe Angst, sie missdeuten es als Auslachen, warum sollte jemand angelächelt werden aufgrund einer Behinderung, lächle beim nächsten Mal nicht, versuche, selbstverständlich zu blicken, blicke krampfhaft an ihnen vorbei, komme mir unfreundlich vor, suche wieder ihre Blicke ... Ich verhaple mich in freundlichen Gesichtsverrenkungen, verknote mich, ertappe mich dabei, zu starren statt natürlich zu blicken, bräuchte mehr Zeit, damit aus meinem guten Willen etwas Gescheites entsteht. Ich frage mich, wie viel davon diese in ihren Körpern eingesperrten Männer mitbekommen. Ich benehme mich ihnen gegenüber so behindert, als wäre ich noch nie mit dem Thema Behinderung konfrontiert gewesen. Eine heilsame Erfahrung, die mir hilft, barmherzig zu sein mit Menschen, die sich Jan gegenüber unsicher benehmen. Ich schnappe mir Wein und Maultaschen und freu mich auf unser Wiedersehensfest heute Abend mit Jans Lieblingsessen.

# Schönheit vergeht

Wo ist nur die bezaubernde Prinzessin von früher geblieben, die mit sich und der Welt im Einklang war, überzeugt davon, eine Schönheit zu sein und eines Tages entdeckt zu werden?

Der Bruch kam mit dreizehn. Einen Sommer später war ich demontiert durch meine Klassen-»Kameradinnen«. Bis dahin war ich arglos unbefangen selbstverliebt. Plötzlich bestand ich aus unvollkommenen Einzelteilen – Spreizfußzehen, zu langen Beinen, zu schrägen Augen, zu dünnen Gliedmaßen … Eine tief greifende, weitreichende Verletzung. Ich schlich zum Kleiderschrank meines Vaters und lieh mir seine Pullis. Noch Jahre später als junge Frau kaufte ich in der Herrenabteilung Pullover Größe 54, um mich zu verhüllen.

Sich nicht wohlzufühlen in seiner Haut ist wie ein Fluch, der Lebensfreude und Ausstrahlung raubt. Noch heute bin ich empfänglich für kleine Bemerkungen, im Positiven wie im Negativen: Seit eine Kosmetikerin meine Sommersprossen »Pigmentstörung« nannte, missfallen sie mir. Seit Werner sagte, er mag meine schrägen Augen, gefallen sie mir …

Überhaupt fand ich Heilung durch Werners Liebe. Er liebte meine schlaksige Figur. Für einen Menschen war ich schön. Welche Offenbarung! Noch mehr Heilung erlebte ich in der Schwangerschaft. Endlich war ich gesegnet mit weiblichen Rundungen. Ich bekam Busen, der es verdiente, so genannt zu werden, hatte ein fülliges Gesicht und meine Haare glänzten mit meinen Augen um die Wette. Werner liebte meinen runden Bauch und prahlte damit, wohin wir kamen. Ich war glücklich und stolz, ich war Frau. Ich hatte zum ersten Mal wieder ein frohes Ja zu mir.

Später geriet ich hin und wieder aus dem Gleichgewicht, als ich längst nicht mehr schwanger war, aber ständig auf eine offensichtliche Schwangerschaft angesprochen wurde. Leider hat sich dieser Umstand bis heute nicht geändert, auch wenn ich inzwischen Großmutter geworden bin. Die Schönheit, die Gott mir als Samen in die Wiege gelegt hat, verblüht nun bereits wieder. Ob ich mich heute okay finde, hat neben erlernter Schminktricks nun viel damit zu tun, wie es innen aussieht. Von dort kommt die wahre Schönheit – Lebensfreude, Echtheit, Neugier, Zufriedenheit, Bescheidenheit – Eigenschaften, die einen Menschen anziehend machen.

Unsere äußere Schönheit können wir nur wenig beeinflussen, wohl aber unsere Außenwirkung. Wenn wir auf unser Äußeres achten, uns pflegen und ansonsten mit den Jahresringen aussöhnen. Wenn wir hin und wieder den Kleiderschrank aufpeppen wie die 95-jährige Dame, die sich eine Woche vor ihrer eigenen Beerdigung noch eine neue Frühjahrskollektion zulegte. Meine schöne 65-jährige Freundin, mit der ich die anregendsten Hundespaziergänge mache, ist immer gut gekleidet und geschminkt, dem Leben zugewandt, neugierig, aktiv, fröhlich, lernbereit. Von ihr lerne ich: Schön sein bedeutet meine Originalität leben.

*Auch das ungeschminkte Gesicht einer alten Frau, das die Erfahrung eines ganzen Lebens widerspiegelt, kann schön sein … das Gesicht der Mutter Teresa von Kalkutta zeigte wohl ein Rekordmaß an Falten pro Quadratzentimeter, aber es strahlte in seiner liebenswürdigen Menschlichkeit zweifellos Schönheit aus.[4]*

*Manfred Lütz*

# Kreuz und quer

Heute zieht es mich zum Grab meiner Mutter. Dort kann ich gut zu ihr hindenken, sie in Gedanken mit hineinnehmen in meine Lebensprozesse. Mir fehlt unser Austausch, ich vermisse die Möglichkeit, die spannenden und schönen Seiten des Lebens mit der Frau zu teilen, die mich geboren hat. Und gerade gäbe es so viel zu teilen.

Still betrachte ich die Blumenpracht auf dem winzigen Gartenfleck, der ihr geblieben ist. Da geht die Sonne unter, taucht unter einem Wolkenband noch einmal hervor und das Grab meiner Mutter glüht plötzlich golden. Wie in dem Moment ihrer Beerdigung, als sie in die Erde gelassen wurde. Ich sehe sie vor mir, wie sie auf ihrer Gartenbank in der Abendsonne saß, sie liebte sie so.

So viele Kreuze auf dem Friedhof, die Inschrift »Der Herr ist mein Hirte« aus Psalm 23 auf ihrem Grab – ich komme zur Ruhe. Der Friedhof ist für mich zu einem guten Ort geworden, ein Ort des Friedens. Hier wird auch mein Weg enden. Ich zünde eine neue Kerze an, nehme die Kerze heraus, die noch brennt und gehe damit rüber zu Omas Grab. Sie starb in dem Jahr, in dem Anna geboren wurde. Ich betrachte ihren Namen, den ich meiner ältesten Tochter gegeben habe, worüber ich immer wieder froh bin. Ich lese ihre Geburts- und Sterbedaten, denke an ihre letzten Tage. Ein Leben lang hat sie für eine gute Sterbestunde gebetet und sie hat sie geschenkt bekommen. Friedlich ist sie gestorben, auf jeden Fall ist viel Frieden von ihr ausgegangen in ihrem Abschied. Plötzlich sehe ich vor meinem inneren Auge meine Mutter und Oma über eine blühende Sommerwiese auf einen Waldrand zu schlendern, ins Gespräch vertieft entfernen sie sich Richtung Sonnenuntergang. Ein friedliches Bild. Bewegt gehe ich nach Hause.

So wie ich einen Teil meiner Mutter in mir enthalte, wie sie in mir weiterlebt, erweitere ich mich durch meine Töchter. In den vielen Gesprächen mit Anna und Lena, in denen wir unser Leben betrachten, das ineinander verwoben ist, sie mir interessiert zuhören, um etwas über sich selbst zu erfahren, Gespräche, in denen sie sich erfinden und wachsen, erfahre ich auch etwas über mich. Ich erkenne mich wieder in Lenas Art zu fühlen, in Annas Art zu denken.

Als ich das nächste Mal auf den Friedhof gehe, ist etwas Ungeheuerliches geschehen. Omas Grab existiert nicht mehr. Es wurde »abgeräumt«, »zusammengeschlagen«, sagt mein Vater, sein letzter Liebesdienst an seine Schwiegermutter. Ich stehe vor einem Flecken sorgsam geharkter Erde, an dem nichts mehr an Anna Weindel, geborene Dutzi erinnert. Nun ist nichts mehr von Oma übrig, nicht einmal mehr ein Ort, der mit ihr verbunden ist.

Zu Hause fällt mir ein Kärtchen in die Hände mit einem Bild von Irland – weiter Himmel, sanftes Grün, Steinkirche und viele Steinkreuze drumherum. Sehr schön. Darauf steht: *»Das Kreuz ist die Mitte aller Stille. Ohne das Kreuz verlaufen und verlieren wir uns an den unüberschaubaren Kreuzungen unserer Gedanken und Gefühle. Am Kreuz gestattet mir Gott einen Blick in sein Vaterherz. Hier offenbart er, wer er ist: der Gott für uns. Das will ich mit allen Sinnen erfassen. Das soll mein Herz und Hirn ausfüllen, einmal und immer wieder und wieder neu. Ich kann mir darum keinen Raum der Stille vorstellen, der nicht auf das Kreuz ausgerichtet ist.*

*Hier finde ich Gottes Herz. Hier entdecke ich seine Barmherzigkeit. Hier ist alles zum Ziel gekommen. Hier komme auch ich immer wieder zum Ziel. Denn hier ist alles vollbracht.«*

Ja, wir stehen vor Gott, sichtbar für ihn, den Unsichtbaren. Lena fragt: »Warum hat Gott sich nicht einen Gott als Gegenüber geschaffen?« Tja, denke ich, Gott sei Dank hat er uns gewollt und freue mich irgendwie, als ich beim Terminplanen die übernächste Jahreslosung entdecke.

*Denn wir haben hier keine bleibende Stadt, sondern die zukünftige suchen wir.*

*Hebräer 13,14; ELB*

# Stunde der Entscheidung

Seit geraumer Zeit denken Werner und ich darüber nach, mit Freunden zusammen ein Café mit Laden zu eröffnen. Einen Ort der Begegnung, wo Gottes Liebe spürbar werden kann. Die Idee bewegt uns breit und tief und es geschieht viel Aufwühlendes. Nach langer Zeit fühle ich mich wieder schwanger. Wir bewegen viele Lösungsideen in durchwachten Nächten und verwerfen sie wieder. Nach gefühltem ewigen Suchen, Rechnen, Grübeln, Fragen, Beten verlieben wir uns in ein altes Anwesen in der Straße, wo ich aufgewachsen bin. In der Scheune könnte ein Laden mit Café entstehen mit Raum für Veranstaltungen.

Wie Frédérik die Maus sammeln wir Worte. Ein Laden für alle Sinne. Ein »Freudenhaus« und Trauerhaus mit schönen Dingen, Büchern, Karten, mit Musik, Gesang, Tanz, Kultur, Apfelkuchen, Blumen, Feuer, Brunnen, Bäumen, eine Tafel im Freien, Lebenshilfe, Gebet. Gute Worte, Berührung, Gespräch. Mit Menschen das Leben feiern, gestalten und bewältigen. Begegnung stiften, Kreativität anregen, Werte vermitteln, Leben teilen, Raum schaffen für Gott. Ich bete, schlage in den Losungen nach und lese: »*Er hat mich gesandt, um es den Trauernden zu ermöglichen, dass ihnen ein Kopfschmuck anstelle von Asche, Freudenöl anstelle von Trauerkleidern, und Lobgesang anstelle eines betrübten Geistes gegeben werde*« (*Jesaja 61,3a*). Ich bin berührt.

Mein seelisches Hin und Her geht weiter. So sehr ich mich auch informiere und vorbereite, es fehlt mir die letzte Gewissheit. Seit Wochen versuchen wir, unsere Vision zu Papier zu bringen, unsere Ideen zu bündeln, grübeln über Leitworte. Im Gottesdienst, als die Geschichte von Jesu Wunder der Brotvermehrung vorgelesen wird, höre ich sie: Wir möchten Menschen ein wenig abseits locken, damit sie zur Ruhe kommen. Wir möchten uns ihrer erbarmen und auf den Hirten aufmerksam machen. Jesus sagt, dass wir ihnen zu essen geben sollen. Wir sollen ihm einfach unsere paar Brote und Fische geben und darauf vertrauen, dass er sie vermehrt. Menschen werden satt werden. Ich bin neu ermutigt, mit Gottes unendlichen Ressourcen zu rechnen.

Werner und ich sagen dem Verkäufer zu und freuen uns über unseren Mut. Anschließend überfällt uns ein ungeheurer Respekt vor der Arbeit, dem Risiko und unserem Über-Mut. Wir fragen uns, ob wir verrückt sind. Mein Vater fragt sich das auch: »Andere bereiten sich auf den Ruhestand vor, wenn ihre Kinder ausziehen und ihr meint, ihr müsst noch mal durchstarten. Lasst den Quatsch bleiben!« Aber uns fällt beim besten Willen keine Alternative ein. Also gehen wir den Weg weiter, streichen das Wort »Ruhestand« aus unserem Wortschatz, dann lieber »Unruhestand«. Wir wollen uns nicht zur Ruhe setzen, sondern das Leben (mit)gestalten, solange wir können und dürfen. Hinter uns liegt ein spannendes, vor uns ein arbeitsreiches Jahr.

# Frauenlinien

Ich mag es, in dem Dorf zu leben, wo ich aufgewachsen bin. Ich mag den heimatlichen Stallgeruch. Wenn ich an der alten Friedhofsmauer vorbeifahre, kommen Erinnerungen: Oft war ich mit Oma die Gräber ihrer lieben Verstorbenen pflegen, wie selbstverständlich habe ich gelernt, wie man seine toten Angehörigen ehrt. »Wem gehörst du?«, wurde ich gefragt, wenn ich als Mädchen mit Rollschuhen durchs Dorf fuhr. Ich musste dann schon »Kajetans Anna« sagen, um den Alten zu erklären, wem ich »gehörte«: Kajetan war der dorfbekannte Schwiegervater meiner Oma Anna, die bis heute für ihr herrliches Gelächter dorfbekannt geblieben ist. Auch meine Mutter hat es zu einem beachtlichen Bekanntheitsgrad im Dorf gebracht und ich folge ihr auf den Fersen. Man braucht nur lange genug hier zu leben, dann geschieht das fast von selbst.

Wenn ich alte Fotos von Oma sehe, überfällt mich Sehnsucht. Oma war immer so weich, so warm, so fröhlich. Als sie sich leise zu verabschieden begann, fragte ich sie, ob sie einverstanden wäre, dass mein Kind ihren Namen trägt, wenn es eine Tochter wird.

Nach Annas Geburt sagte sie: »Komm mal her, du Bobbele, wenn du schon Anna heißt!« Im selben Jahr starb sie. Jahre später bat mich Anna: »Erzähl mir von Oma Anna, wenn ich schon ihren Namen geerbt habe!«

Je älter ich wurde, umso wichtiger wurde die Suche nach meinen Wurzeln, das Fragen nach der Herkunft meiner Mutter, meiner Oma. Heute erlebe ich dieselben Fragen bei meinen Töchtern. Anna wird 24. Ich war 24, als Anna geboren wurde. Mutti war 24, als ich geboren wurde. Frauenlinien …

Auch Muttis Zeit war eines Tages abgelaufen. Ich spürte die Verbindung zu ihr auf neue, schmerzliche Weise. Beim Sichten ihrer Habseligkeiten (welch passendes Wort) fand ich einen Zettel mit Worten voller Glaubenshoffnung und Himmelssehnsucht und eine Muttertagskarte, auf der ich ihr ganz ähnliche Worte geschrieben hatte – sie hat sie für sich übernommen. Sie hat sich an meinen Glauben angelehnt, ohne je mit mir darüber zu sprechen. In Wahrheit lehne ich mich an ihrer Zuversicht an, ihrer Fähigkeit, loszulassen, an ihrer Tapferkeit.

Heute noch spüre ich sie in dem Haus, das sie ein ganzes Leben lang belebt hat. Am schlimmsten traf mich, dass mein Vater in wilder Trauer den Ordner wegwarf, worin sie jahrzehntelang Briefe und Zeichnungen von mir und meinen Kindern gesammelt hatte. Wie gern hatte sie an langen Winterabenden darin geblättert. Dieser Ordner war das Einzige, worauf ich beim Ausmisten gehofft hatte. Außer vielleicht noch ihr Handarbeitsordner, den sie mir als Mädchen gern stolz gezeigt hatte: Miniaturhandarbeiten vom Feinsten, Lochstickerei, Plisseekragen, genähte Musterkollektionen, gehäkelte Babywäsche. Ich bewunderte sie dafür ebenso wie für die selbst genähten Kostüme für ihre Schauspielerei.

Manche Gaben überspringen eine Generation. Lena hat Schauspieltalent. Anna richtet sich ein Nähzimmer ein und näht mir gerade ein Kissen in Form einer Krone. Von Muttis Backleidenschaft ist weit und breit nichts zu erkennen, aber auch ich backe wie sie ihren berühmten Splitterkuchen, wenn ich sehr nervös bin. Anna trägt Muttis »Stöckelschuhe«, genannt Highheels, und es ist eindeutig, dass sie deren Freude geerbt hat, sich auffallend ausgefallen zu (ver)kleiden. Sie ist so praktisch und zupackend wie Mutti, aber wenn sie will, ist auch ihre Welt eine Bühne. Vati sagt dann stolz: »Wie meine Diva!« »Ich bin wie Oma«, sagt Anna, wenn sie ihre Wohnung weihnachtlich schmückt, dass Mutti ihre helle Freude daran gehabt hätte. Während Lena sich Omas »Schlumbelhosen« aus Nicki für gemütliche Abende zur Erinnerung nimmt, reserviert sich Anna ihre Geschichtsromane. Ich frage mich, ob meine Lust auf einen Laden voller schöner Dinge mit einem heimeligen Café mit Omas Lust auf Gastfreundschaft und Muttis Lust auf Schönes zu tun hat.

Als Mutti in ihrem letzten Lebensjahr furchtlos das Mailen lernte, lernte ich noch einmal neue Seiten an ihr kennen. Ihr Motor war die Sehnsucht nach ihren Enkelinnen, die ein Jahr durch Australien reisten. Sie mailte ihnen genauso begierig wie ihrer Schwester nach Afrika, ihrer Großcousine nach Amerika und mir um die Ecke. Ich staunte über ihre Schreibfreude und wunderte mich nicht länger über meinen opulenten Schreibstil, der sich offensichtlich in ihrem spiegelte. Beim Schreiben erlaubten wir uns neue Einblicke in unser Seelenleben. Es entstanden Dialoge, die mündlich so nie zustande gekommen wären. Gerne lese ich heute an langen Winterabenden in unserem Mailwechsel.

Ich schenkte ihr das Buch »Oma, erzähl mir dein Leben« von Martin Gundlach. Sie füllte es sorgfältig aus, machte jeden Tag ihre Hausaufgaben (»Was der heute wieder wissen will!«) und hinterließ uns Erinnerungsschätze, die schon ein Jahr später Kostbarkeiten waren, denn von nun an war auch diese weibliche Quelle, die ich nach meinen Wurzeln fragen konnte, versiegt. Auf die Frage nach ihren Erinnerungen an ihre Mutter schrieb sie über Oma: »Wie war sie? Warm, fröhlich, sie hat gerne gefeiert. Sie hat alles für uns gemacht. Sie hat uns Märchen erzählt, die in keinem Buch stehen. Sie hat gerne gelacht und gesungen. Beim Kochen und beim Spülen wurde erzählt. Das Kochen hat sie uns nicht beigebracht, da war sie ungeduldig und hat das lieber selber gemacht. Sie hat immer gern gelesen, so hat sie es auch uns beigebracht. Es waren gemütliche Zeiten. Sie war eine Frohnatur. Ja, ich kann sagen, wir hatten eine gute Mutter. Wir beide waren nicht immer der gleichen Meinung, aber das ist ja normal zwischen den Generationen. Erst, wenn man so alt ist wie sie, versteht man manches besser.« Als ich das las, fiel es mir wie Schuppen von den Augen, wie sich all das von Generation zu Generation fortgesetzt hat. Auch meine Mutter war warm und fröhlich, hat gerne gefeiert, alles für uns gemacht, hat gern erzählt und gelesen. Mir nicht das Kochen beigebracht. Diese Spur finde ich auch in meinem eigenen Leben und – über mich hinaus – in dem Leben meiner Töchter. Wir gehen ineinander über, färben aufeinander ab …

Leider war unser Verhältnis über Jahre hinweg überschattet von alten Verletzungen und ich konnte mich meiner Mutter nur bis zu einem bestimmten Grad nähern. Erst in der Seelsorge brach diese Distanz wieder auf. Ich versöhnte mich mit dem Gesamtpaket Mutter und begann, manches neu zu bewerten. Das verstärkte sich nach ihrem Tod noch. Es hat mir den Abschied erleichtert und stärkt mich in meinem »mutterseelenalleinen« Dasein darin, nun selbst die obere Generationenspitze unserer Frauenkette zu sein.

Wie viel positives Vermächtnis mir meine Mutter hinterlassen hat und ich von ihr übernommen habe, dämmerte mir erst, seit sie nicht mehr da war. Ich merkte es im Gespräch mit einer Freundin, deren Mutter noch lebt, wie viel Offenes, Unfertiges, wie viele unerfüllte Erwartungen bei ihr noch im Raum stehen. Wenn der Tod seinen Schlussstrich zieht, beginnt die Zeit, Resümee zu ziehen. Ich nahm mir viel Zeit für eine Mutter-Tochter-Lebensreise, sortierte und gewichtete neu. Ich betrachtete ihre Fotos, entdeckte mich in ihr, sie in mir. Ich hängte Frauenlinienfotos an die Wände meines Zimmers, Oma als Mädchen, als junge Frau, als Mutter meiner Mutter, als meine Großmutter. Ich verglich sie mit Fotos meiner Mutter als Mädchen, als junge Frau, als meine Mutter und als Großmutter meiner Kinder. Dasselbe mit den Bildern von mir als Mädchen, als Mutter … Ich freute mich, zu entdecken, dass in Anna Oma Anna steckt, dass in mir Mutti steckt, dass in Lena etwas von mir steckt. Ich wurde gar nicht fertig mit Sinnieren und Freuen. Die Persönlichkeiten meiner Mutter, meiner Großmutter und mein eigenes Gewordensein sind für mich durch Muttis Tod runder geworden. Ich lebe durch meine Mutter und in meinen Töchtern über mich hinaus, so wie C.G. Jung es beschreibt: *Man könnte deshalb sagen, dass jede Mutter ihre Tochter, und jede Tochter ihre Mutter in sich enthalte, jede Frau aber nach rückwärts in die Mutter und nach vorwärts in die Tochter sich erweitere.*

Es stärkte mich, die Liebe als verbindende Kraft zu sehen. Viel Dankbarkeit wuchs in mir für das, was mir diese beiden Frauen gegeben und hinterlassen haben. Die Erkenntnis, wie viel Liebe sie in mein Leben investiert haben, hat mich reich gemacht. Die Liebe ist das, was bleibt, in ihr bleiben

Oma und Mutti gegenwärtig, und diese Liebe, das ist meine Zuversicht, lebt weiter in mir und über mich hinaus in meinen Kindern.

Die Mutter gehen zu lassen ist eine große Aufgabe. Ich war überrascht von der Wucht meiner Trauer. Am meisten vermisse ich es, Sorgen und Freuden mit ihr zu teilen. Meine Mutter war der Mensch, der am meisten mit mir gelitten und sich mit mir gefreut hat. Manchmal, wenn mein Herz überströmt, gehe ich ans Grab. Dort vergegenwärtige ich mir ihre Liebe und kehre getröstet und getrost zurück in mein Leben. Ich bin schockiert über ihren plötzlichen Tod, gönne ihr den Himmel, freue mich für sie, dass sie ihre lang vermisste Mutter sehen kann, ich freue mich darauf, die beiden wieder zu treffen. Weil Gott sie zu sich genommen hat, wird der Himmel für mich anziehender und konkreter. Oma und Mutti sind wie zwei Magnete in der Ewigkeit.

Sehr bewegend war die Stunde, als ich mit Anna und Lena Abschied an Muttis offenem Sarg nahm. Noch einmal war es wie immer und doch unerhört neu – vier Frauen aus drei Generationen, eng miteinander verbunden, aber eine davon hatte ihre Hülle verlassen, ihre Seele die unsichtbare Grenze überschritten. Ich war voller Respekt und Ehrfurcht. Mir wurde bewusst: Jetzt bin ich an der Reihe!

Das große Loslassen beginnt schon am Tag der Geburt. Erst wenn Mutter durch ist mit der zweiten Abnabelung von ihrer erwachsen werdenden Tochter, kann auch diese sich ein zweites Mal ent-binden. Ich hoffe, dass ich diese Aufgabe annähernd so gut lösen werde wie meine Mutter. Heute schon erlebe ich ein neues Band zwischen mir und meinen Töchtern, elastischer, entspannter.

Und ich erlebe, dass Prozesse aus der Vergangenheit durchbrochen werden. Meine Angst, das, was schiefgelaufen war in der Beziehung zu meiner Mutter, würde sich bei meinen Töchtern wiederholen, blieb unbegründet. Ich konnte die Beziehungen zu ihnen auf meine eigene Weise gestalten. Heute staune ich darüber, dass Lena mich bei Lesungen unterstützt, Anna mit mir an unserem neuen Lebensprojekt baut. Dabei entdecken wir einander noch einmal mit neuen Augen. Mutter und Töchter noch, aber erwachsene Frauen, die sich ein spannendes Gegenüber sind, voller Wertschätzung.

# Vergebliche Liebesmüh

Wenn ich eins hasse, dann das Erlebnis von »umsonst«. Wenn ich mich vergeblich um etwas bemühe, geht meine Frustrationstoleranz gegen null. Neulich war es mal wieder so weit.

Anna und Lena, shoppinggeübte Trendsetter, begleiten ihre in Sachen Textilien deutlich ungeschicktere Mutter als sachverständige Modeberaterinnen nach Heidelberg auf der Suche nach einem Trenchcoat. Während die eine ein gewagtes Teil nach dem anderen in die Umkleidekabine reicht, stärkt die andere die Moral der Mutter mit Gummibärchen und Mineralwasser. Dann lüftet Mutter den Vorhang und nimmt die Kommentare ihrer stilsicheren Töchter entgegen: Daumen hoch, Daumen runter, Vorhang zu, sehr hilfreich.

Es stellt sich bald heraus: Die gängigen Farben eines Trenchcoats mögen vielleicht Frühlings-, Sommer- und Wintertypen kleiden, nicht aber einen Herbsttyp wie mich. Schwarz, Kitt, Beige, Schlamm, Weiß – geht alles gar nicht. Da ich aber kurz vor dem unaussprechlichen Ereignis stehe, 50 (fünfzig) zu werden und finde, dass spätestens ab dann dieses seriöse Kleidungsstück zu meiner Grundgarderobe gehören sollte, gebe ich nicht auf. Viele Boutiquen, Gummibärchen, Mineralwasser und Toilettengänge später finden wir ihn! Bei Esprit hängt der Trenchcoat, der genau für mich geschneidert wurde: Herbstfarbe Camel, wohlproportioniert, schöne Qualität. Einen Tick zu klein. Tragischerweise ist meine Größe ausverkauft. Kein Problem – eine Tochter führt routiniert ein kurzes Gespräch mit der freundlichen Verkäuferin, ein Anruf und es stellt sich heraus, dass der Mantel bei Esprit in Karlsruhe in meiner Größe vorhanden ist und man ihn freundlicherweise für mich zurückhängen wird.

Dass die zusätzliche Halbtagesaktion kurz vor dem fünfzigsten Wiegenfest knapp werden könnte, ahne ich schon beim Verlassen des Geschäfts.

Tags darauf ist es mir natürlich zu viel, fünfmal überlege ich, den Schwiegersohn zu bitten, den Mantel für mich abzuholen, fünfmal entscheide ich mich dagegen. Dann fahre ich los, immerhin zwanzig Kilometer. Ich werde parken, aussteigen, im Einkaufscenter bei Esprit zuschlagen, nicht nach rechts und nicht nach links sehen und zurückfahren. Zielstrebig steuere ich die Boutique an, froh sie gefunden zu haben. Dort ist der Trenchcoat leider nicht auffindbar. Meine Enttäuschung prallt an der höflich routinierten Verkäuferin ab. Sie vermutet ihn im Hauptgeschäft in der Fußgängerzone. Zähneknirschend marschiere ich los, um nach einer gefühlten halben Stunde zu erfahren, dass auch dort kein Mantel auf mich wartet, weder im Erd- noch im Obergeschoss. Erst will ich es nicht glauben, beharre penetrant darauf, dass er hier für mich zurückgehängt wurde. Aber weder eine Großsuchaktion, noch Anrufe im Lager und dem fünfzig Kilometer entfernten Heidelberg bringen einen camelfarbenen Mantel zum Vorschein. Die ebenfalls sehr freundliche Verkäuferin bietet meiner geballten Frustration professionell die Stirn, aber gegen einen nicht vorhandenen Trenchcoat ist sie so machtlos wie ich. Irgendwann erkenne ich, was längst Tatsache ist und falle fassungslos in mich zusammen. Die freundliche Auskunft, dass der Mantel in Köln und Augsburg noch verfügbar sei, ist auch kein Trost.

Umsonst. Ich bin umsonst nach Karlsruhe gefahren und

habe den kostbaren Vormittag nutzlos verstreichen lassen. Völlig vergeblich, total umsonst … Ich könnte heulen wie ein Kind, bin vollgepumpt mit Adrenalin, ärgere mich furchtbar über die bösen Verkäuferinnen, den Zeitverlust, über meinen Ärger …

»Vergeblich!«, denke ich auf der Heimfahrt, »vergeblich«, bleibe hängen am Wortstamm »vergeben«, frage mich, ob beide etwas gemeinsam haben. Komisch, in »vergeblich« steckt »Vergebung« drin. Ich frage mich, ob Gott auch so frustriert ist, wenn er etwas vergeblich tut. Uns vergeblich lockt, ruft, liebt, helfen will. Wie mag es ihm gehen, wenn wir Menschen seine Vaterliebe ignorieren? Gottes größte vergebliche Liebesmüh, kommt mir, ist der Opfertod seines Sohnes – da, wo Menschen diese Liebestat der Vergebung nicht annehmen. Für sie war der Tod Jesu umsonst. Auch »umsonst« hat zwei Bedeutungen, sinniere ich, während ich mich durch den Stau gen Heimat schleiche – kostenlos und vergeblich. Gottes Gnade kostet uns nichts, aber sie ist vergeblich, wenn wir sie ablehnen.

Als ich Anna von meinem ärgerlichen Ausflug erzähle, fragt sie: »Warum warst du bei Esprit? Wir haben den Trenchcoat doch bei S. Oliver gesehen!?« Ein Anruf von ihr in Karlsruhe, ein Gang des Schwiegersohns in der Mittagspause und ich nenne rechtzeitig zu meinem Ehrfurcht erweckenden, neuen, runden Geburtstag einen wunderschönen, camelfarbenen, gut sitzenden Trenchcoat mein eigen. Umsonst geärgert …

# Ein trotziger, kleiner Mut

Als unsere erwachsen werdenden Töchter für ein Jahr nach Australien gingen, erwartete ich nur Trennungsschmerz. Die Vorstellung, dass sie weggehen, schien mir unerträglich. Sie gingen tatsächlich und der Trennungsschmerz kam wie erwartet. Aber auch dies: intensive Telefongespräche um den halben Erdball. Spannende Fotos, worauf ich ihre Reise verfolgen konnte. Es begann die Zeit der Kurznachrichten – ich lernte, blind SMS zu schreiben. Ich tastete mich an die neuen Medien heran und stellte selbst Bilder aus unserem Leben ins Netz. Immer noch durfte ich Leben teilen. Manchmal schuf die Distanz mehr Nähe als unser tägliches Miteinander. Ich entdeckte neu, wie viel Freude es macht, mitzuerleben, wie ein geliebter Mensch sein Potenzial entfaltet. In dieser Zeit des Loslösens von ihrem behüteten Umfeld entwickelten sie Fertigkeiten, die sie zu Hause nie hätten lernen können. Manchmal summte ich über mich selbst grinsend das alte Kinderlied *»Hänschen klein geht allein in die weite Welt hinein. Stock und Hut steht ihm gut, ist gar wohlgemut. Aber Mutter weint gar sehr, hat ja nun kein Hänschen mehr. Da besinnt sich das Kind, läuft nach Haus geschwind.«*[5] Legionen von Engeln hatte ich am Flughafen meine beiden Schätze überlassen. So intensiv und ausdauernd hatte ich noch nie zuvor für sie gebetet.

Die Kraft der Gewöhnung beziehungsweise der Entwöhnung hilft. Verlustgefühle begannen zu verblassen, zunehmend war ich begeistert von dem, was unsere »Kinder« anpackten, erlebten, sahen. Wie sie sich in einer fremden Sprache in einer fremden Kultur auf einem fremden Kontinent durchschlugen. Hochachtungsvoll verfolgte ich aus der Ferne ihre abenteuerlichen Reisen, zur Sehnsucht gesellte sich Mitfreude und Ermutigung, wenn ihnen mal der Mut sank. Ich erfüllte meine Pflicht – wohlwollend loslassen, ermutigen und wurde belohnt mit unerwarteten Geschenken. Verändert kehrten sie zurück und auch unsere Rollen hatten sich geändert. Die gewohnten Auseinandersetzungen aus der Zeit der Abnabelung blieben aus, unsere Töchter waren selbstständiger geworden, übernahmen mehr Verantwortung, hatten klarere Vorstellungen von ihrer Zukunft, die sie mit neuer Kraft und Energie anpackten. Es war ein enormer Schritt ins Erwachsenenleben, der nachhaltig Spuren hinterließ, in ihrem Leben und in unserem.

In der Zeit ihres Auslandaufenthalts begann Jans Karriere im weit entfernten Berufsbildungswerk für Schwerhörige und Sprachbehinderte. Die Stille im Haus war manchmal unheimlich. »Ich komm mir vor wie im Altersheim«, sagte Werner und ich war beleidigt. »Wie zwei Rentner!«, entgegnete ich provokant. »Wie zwei Jungverliebte«, versuchte ich eines Blues-Abends, wenig überzeugend. Wir waren so viel Ruhe partout nicht gewöhnt. So wenig Jugend um uns herum. Langeweile macht kreativ, hat Werner immer zu den Kindern gesagt. Ich schlug eine Radtour vor, überrascht, dass er einwilligte. Wir packten die Räder aufs Auto und landeten am Rhein, aßen Wurstsalat in der Abendsonne. Stille. Ein Fischreiher ruhte auf einem Baumstamm im Fluss, Frösche quakten. Ausblick, Horizonterweiterung. In mir keimte ein Spross Frieden. Vielleicht würde das gar nicht die schlechteste Zeit sein, die da begann. Es fühlte sich irgendwie schwerelos an, wie wir da ins Blaue radelten, ohne für irgendjemanden verantwortlich zu sein. Ich entdeckte eine lauschige Stelle am Fluss und bekam Lust, dort mal zu picknicken, mit Oliven und Wein. Wir radelten schweigend. Es gab Zeiten in unserem Leben, in denen wir mehr geredet hatten. Aber ich fand es wohltuend. Zu Beginn unserer Liebe gingen unsere Gedanken gespannt nach vorne. Nun kehrten sie oft dankbar zurück. Irgendwann begann eine neue Zeit, in der wir vorsichtig fragend nach vorn blickten. Ein trotziger kleiner Mut schlich sich in unsere Beziehung, selbst noch einmal auf Abenteuerreise zu gehen als losgelassenes Paar. Nachzuspüren, was aus unseren alten, stillgelegten Träumen geworden war. Wie viel Kraft noch da sein könnte für Neues. Nachzudenken darüber, was für uns als Paar noch einmal eine Lebensvision sein könnte, bevor Zeit sein würde für Altersheimgedanken … Eltern und Kinder hatten sich auseinandergedröselt und entwöhnt. Die neue Freiheit schenkte uns den Beginn einer neuen Beziehungsebene, zu den Kindern und zwischen uns Partnern, die wir noch sehr genießen würden. Es fühlte sich alles andere als langweilig an!

# Dem Leben ein Zuhause geben

Ich werde fünfzig. Es erscheint mir angemessen, dieses unaussprechliche Geschehen an einen Ort zu verlegen, der mit meinen Wurzeln zu tun hat und mit Menschen, die mit meinem heutigen Leben zu tun haben und hoffentlich mit meinem zukünftigen. Im Schwarzwald gibt es einen Bauernhof, der in den Siebzigern von der Kirchengemeinde meines Dorfes zu einem Erholungsheim umgebaut worden war. Dabei engagierte sich meine Oma maßgeblich. Sie war jede Ferien als Köchin vor Ort und nahm mich gerne mit. So verbrachte ich ein Jahrzehnt lang ausgedehnte Zeiten meiner Kindheit auf dem Hilsenhof, der mir zur zweiten Heimat wurde. Zu Hause wohnte ich mit Oma schon Zimmer an Zimmer, aber das war etwas, das mich zusätzlich mit ihr verband. Sie wurde zu meiner Seelenvertrauten und später zum Puffer, wenn ich Konflikte mit meiner Mutter hatte. Sie hatte immer ein offenes Ohr für mich, gleichzeitig war sie loyal ihrer Tochter gegenüber. Oma war ein neutraler Ort, wo ich meinen Pubertätsfrust loswerden konnte, ohne dass etwas Schlimmes passierte. Bei Oma konnte ich auch meine Glaubensfragen und Zweifel ansprechen, sie hörte zu und betete im Stillen unaufhörlich für mich, bis ich sicher bei Gott angekommen war. Oma war ein guter Ort.

Nun bin ich zum ersten Mal seit fünfunddreißig Jahren wieder auf dem Hilsenhof. Ich erkenne jeden Winkel, inhaliere den vertrauten Geruch. An der Wand hängen die großen Bratpfannen, mit denen Oma gewerkelt hat. In derselben Küche, in der sie damals residierte, bereite ich nun das Essen für uns zu. In einer Schublade liegen abgenutzte Küchenutensilien, die bestimmt auch in Omas Händen lagen. Das alles ist sehr retro.

Nachts sitze ich allein auf der Veranda, blicke in das Tal, in dem vereinzelt Lichter leuchten, lausche dem alten Bach und schreibe in mein Tagebuch: »Ich fühle mich in meiner Lebensreise auf Talfahrt. Ob ich schrittweise ins Tal gehen darf oder plötzlich abstürzen werde wie ein Freund von mir, weiß ich nicht, aber dass Gott mich dort erwartet, ist mir gewiss. Dann will ich dort sein, wo Oma und Mutti sind.« Mich überfällt eine fast körperliche Sehnsucht nach Umarmungen von den beiden.

Dieser Ort vertieft mein Verständnis von Omas Person. Sie hat den Hilsenhof von Anfang an mit aufgebaut und ihn mit Fröhlichkeit, Herzlichkeit, Tatkraft und Glauben so lange sie konnte unterstützt. Unterwegs frage ich jeden älteren Menschen, der mir begegnet: »Kennen Sie meine Oma??« Fast jeder kennt sie. Mir wird bewusst, dass ich die Frau, die mich sehr geprägt hat, nur fragmentarisch kenne. Vor allem erinnere ich mich an sie aus der Sicht des Kindes, das liebte, ohne zu erkennen, und aus der Sicht der jungen Frau, die sich von der alten Frau verabschieden musste. Nun bin ich neugierig auf die ganze Anna Dutzi geborene Weindel, auch auf die Frau in ihren jungen bis mittleren Jahren.

Oma hat, so rechne ich, mit 55 eine neue Lebensaufgabe begonnen!! Das macht mir Mut für mein eigenes neues Lebensprojekt, Sellawie, dem Laden-Café, das ein Begegnungsort für Menschen werden soll, die sich nach einem Zuhause in dieser Welt sehnen. Wer weiß, vielleicht hat ja meine Lust auf Sellawie mit Omas Lust auf Gastfreundschaft zu tun … Mit aufgeräumtem Gefühl kann ich mich unbeschwert einer denkwürdigen 50-Jahre-Feier hingeben.

# Ärawechsel

Eine Wolke von Zugvögeln versammelt sich für die Heimreise. Die Störche sind bereits verschwunden. Also hat der Sommer seinen Zenit überschritten? Ich mache mich auch auf die Reise. Nicht an einen Urlaubsort, wie so viele unserer Freunde gerade. Unser Urlaub findet dieses Jahr auf unserer Baustelle statt. Mein Leben selbst gleicht einer Baustelle, so vieles ist im Umbruch, Aufbruch.

Das hängt mit unserer Entscheidung als Ehepaar zusammen, unsere Jahrzehnte alte Parole wahr zu machen: »Wenn die Kinder aus dem Haus gehen, machen wir noch einmal etwas ganz anderes!«

Die Kinder haben Platz gemacht in unserem Leben. Wie Zugvögel sind sie weitergeflogen und wir Daheimgebliebenen können noch einmal neu Weichen stellen. Aus vielen Ideen und Träumen reift der reale Entschluss, in unserem Dorf ein Haus mit Scheune zu kaufen und umzubauen zu einem Laden mit Café als Ort der Begegnung mit vielen Möglichkeiten. Wir sind nicht allein auf diesem Weg, Freunde und unsere Kinder begleiten uns in eine herausfordernde, spannende Zeit.

Heute war mein letzter Arbeitstag in der christlichen Buchhandlung. Zum letzten Mal radelte ich den vertrauten Weg. Bezeichnenderweise hat genau heute meine Tasche ihren Dienst aufgegeben, dreizehn Jahre sind eine lange Zeit für eine Tasche. Dreizehn Jahre sind auch eine lange Zeit für mich, eine ganze Ära, sinniere ich wehmütig. Ich bin nicht traurig, aber sehr sehr abschiedlich.

Ich versuche mich zu erinnern, wie mein Leben vor dreizehn Jahren ausgesehen hat. Anna war dreizehn, rechne ich, Lena elf, Jan acht Jahre alt. Er kam damals gerade in die Schule für Schwerhörige und ich musste mich entscheiden, ob ich einfach mal aufatmen wollte oder mich engagieren beim Aufbau der neuen christlichen Buchhandlung. Ich bin froh, dass ich den Schritt nach vorne gewählt habe. Dreizehn fruchtbare Jahre liegen hinter mir. Ich versuche mir vorzustellen, wie mein Leben in dreizehn Jahren aussehen mag – dann wäre Anna 39, Lena 37 und Jan 32. Ich selbst unaussprechliche 63. Das Leben ist im Fluss …

In der Buchhandlung suche ich das Album, das ich damals zur Dokumentation unseres Projektes angelegt hatte. Ganz vorne steht in meiner Schrift ein Wort von Dietrich Bonhoeffer: »*Nicht unserer Hoffnungen werden wir uns einstmals zu schämen haben, sondern unserer ärmlichen Hoffnungslosigkeit, die Gott nicht zutraut, die in falscher Demut nicht zugreift, wo Gottes Verheißungen gegeben sind.*«

Ich bin berührt, wie sehr das auch zu meinem heutigen Aufbruch passt. Wieder stecke ich in einer Phase der Pionierarbeit, des Neubeginns. Inzwischen besucht Jan das Berufsbildungswerk für Schwerhörige, Lena studiert fleißig und ich besuche mit Anna Messehallen und verlasse mich auf ihren Orientierungssinn. Unsere Kinder haben die Entstehung unseres Projektes von Anfang an intensiv miterlebt und begleitet – alles Fragen, Ringen, Entscheiden und Landeinnehmen. Unbefangen und zuversichtlich freuen sie sich auf den Tag der Eröffnung und packen tatkräftig mit an. Ich vermute, unser Tatendrang überrascht sie, und sie überraschen uns mit ihrer Lust auf Familienunternehmen.

Ich fühle mich hochschwanger. Nach so langer Zeit der Vorbereitung bin ich einerseits froh, wenn das Warten endlich ein Ende nimmt. Einerseits. Andererseits weiß ich überhaupt nicht, was mich erwartet und genieße die Ruhe vor dem Sturm. Schon lange nicht mehr hatte ich so ein Gefühl der Ungewissheit, was meine Zukunft betrifft. Es fühlt sich an, als stünde Umwälzendes vor der Tür. Ich kann es abwarten ... Ich kann es kaum noch erwarten ...

*Alles hat seine Zeit, alles auf dieser Welt hat seine ihm gesetzte Frist: Geboren werden hat seine Zeit wie auch das Sterben. Pflanzen hat seine Zeit wie auch das Ausreißen des Gepflanzten. Töten hat seine Zeit wie auch das Heilen. Niederreißen hat seine Zeit wie auch das Aufbauen. Weinen hat seine Zeit wie auch das Lachen. Klagen hat seine Zeit wie auch das Tanzen. Steine zerstreuen hat seine Zeit wie auch das Sammeln von Steinen. Umarmen hat seine Zeit wie auch das Loslassen. Suchen hat seine Zeit wie auch das Verlieren. Behalten hat seine Zeit wie auch das Wegwerfen. Zerreißen hat seine Zeit wie auch das Flicken. Schweigen hat seine Zeit wie auch das Reden. [...] Gott hat allem auf dieser Welt schon im Voraus seine Zeit bestimmt, er hat sogar die Ewigkeit in die Herzen der Menschen gelegt. Aber sie sind nicht in der Lage, das Ausmaß des Wirkens Gottes zu erkennen; sie durchschauen weder, wo es beginnt, noch, wo es endet. Dadurch wurde mir klar, dass es das Beste für den Menschen ist, sich zu freuen und das zu genießen, was er hat.*

*Prediger 3,1-12*

# Café-Reise

Die Rose hat zweimal geblüht und wird es sicher kein drittes Mal tun. Dafür entdecke ich am jungen Apfelbaum neben ersten kleinen Äpfeln zwei Blüten, eine rosafarben und eine weiß. Sie duften nach Frühling. Ich nehme es als Zeichen.

> *Wenn einer allein träumt, ist es nur ein Traum. Wenn Menschen gemeinsam träumen, ist es der Beginn einer neuen Wirklichkeit. (Dom Hélder Câmara)*

Eines Tages hörte ich eine Andacht. Es ging um den Namen Gottes, mit dem er sich Abraham vorgestellt hat: El Schaddai. Er bedeutet: Gott ist genug, und sein Gebot lautet: Wandle vor mir und sei ganz. Mit diesem Namen fordert Gott uns heraus, dass wir uns entfalten innerhalb des Raumes, den er uns zugewiesen hat. Mit all unserer Kraft, unserem Denken und Handeln sollen wir das Land bebauen und ausfüllen, das er uns schenkt. Das ist derselbe Auftrag, den Gott schon im Paradies dem Menschen gab. Wir sollen uns nicht in einer Wohlfühlnische unserer privaten Frömmigkeit und Untätigkeit einrichten. Wir sollen unsere Gaben nicht auf dem Sofa sitzenderweise verkümmern lassen. Für einen Angsthasen wie mich ist das sehr herausfordernd.

Seit Werner und ich uns kennen, seit meinem 17. Lebensjahr, keimt in uns die Vorstellung, eines Tages mit anderen Menschen zusammen ein Lebensprojekt zu starten. Ursprüngliche Idee: Auf dem Land einen Bauernhof erwerben, um dort mit Gleichgesinnten zu wohnen und zu arbeiten. Schlüsselworte sind Hofladen, Gartencafé, Bücherladen, gemeinsam und doch eigenständig wohnen, Lebensgemeinschaft. Als wir gläubig wurden, reifte der Wunsch nach einem solchen Projekt auf christlicher Basis. Wir gründeten eine Familie und konzentrierten uns zwanzig Jahre lang darauf, drei Kinder stark fürs Leben zu machen, eine Lebensaufgabe, die selbst stark macht und vieles lehrt. Unser behinderter Sohn hat uns viele wertvolle Kontakte beschert mit gläubigen Eltern behinderter Kinder und so waren wir zuversichtlich, dass Gott zu seiner Zeit passende Türen öffnen würde. Zu den Schlüsselworten gesellten sich »Ausflugsziel«, »Streichelzoo« und »therapeutisches Reiten«. »Wenn die Kinder aus dem Haus sind, wollen wir noch einmal gemeinsam eine neue Aufgabe angehen und das, was wir in all den Jahren gelernt und geschenkt bekommen haben, mit anderen teilen« wurde unser Zukunftsgedanke. Unsere drei Kinder verließen innerhalb eines Jahres unser Haus … Das Vakuum, das sie hinterließen, ließ uns nach der Trauerphase zögernd aktiv werden. Zwei Jahre lang versuchten wir lose, Plan A anzudenken. Keine Tür öffnete sich, alle Aktivitäten versandeten. Wir wunderten uns.

Dann begegnete ich Micha. Wir lernten uns als Mitarbeiterinnen von Frauenfreizeiten auf dem Dünenhof, einem christlichen Tagungszentrum, kennen und schätzen. Drei Jahre lang teilten wir dasselbe Anliegen: Frauen aus dem Alltag herausholen, ihnen Ruhe und Anregung schenken, damit sie neu aufgerichtet und ausgerüstet zurückkehren, in dem Wissen, dass sie geliebte Königstöchter sind. Was wir dabei miteinander, mit den Frauen und mit Gott erlebten, überschritt all unsere Hoffnungen. Nach drei Jahren war diese Zeit abgeschlossen, aber sie wirkt bis heute nach. Bei den Nachtreffen unseres Teams erzählte meine Freundin Micha oft von ihrem Traum, mit dem sie seit zwanzig Jahren einschlief und aufwachte: Ein Haus zu errichten, worin Christen Angebote machen für Geist, Körper und Seele, eine Herberge, die den Widrigkeiten des Lebens etwas entgegensetzt, wo Gottes Liebe auf unaufdringliche Weise spürbar wird. Sie träumte von selbst gebackenem Kuchen, offenem Feuer, Düften, Klängen, schönen Dingen, die Leib und Seele gut tun, einem Ort der Begegnung und Kreativität. Neue Schlüsselworte, die in mir Widerhall fanden und sich mit meinem und Werners offenem Lebenstraum verbanden. In mir wurde dabei wieder mein eigener alter Traum einer kleinen Buchhandlung lebendig, zu dessen Verwirklichung mir immer der Mut gefehlt hatte. In Werner stieg neu seine Sehnsucht nach einem Event-Café hoch.

*Wenn einer allein träumt, ist es nur ein Traum. Wenn Menschen gemeinsam träumen, ist es der Beginn einer neuen Wirklichkeit.*

# Tagebuchnotizen

Große Skepsis beim Thema Selbstständigkeit lösen bei mir die Worte »selbst« und »ständig« aus – will ich das? Mir von Ladenöffnungszeiten vorschreiben lassen, wann ich zu arbeiten habe? Auf unsere geliebten Urlaube verzichten, abends frühestens um 19 Uhr meinen Arbeitsplatz verlassen? Das steht meinem Freiheitsdrang diametral entgegen. Lange Zeit ringe ich bei diesem Punkt um ein Ja. Was mich blockiert, ist ein Satz, den meine Mutter mir früh eingebläut hat als Frau eines Taxiunternehmers: »Mach dich bloß nie selbstständig!!« Dieser Knoten platzt, als ich im Gespräch mit meinem Seelsorger erkenne, dass ich mich mit der Schriftstellerei längst selbstständig gemacht habe …

Ein Gespräch auf der Joyce-Sitzung mit Antje Rein, die schon einige Zeit den Schritt in die Selbstständigkeit gewagt hat, hilft mir sehr. Sie sagt: »Man klemmt sich dahinter, aus Angst im Nacken und aus Neugier, wie es sich entwickelt. Mit der Angst muss man leben lernen, aber die Selbstständigkeit eröffnet unheimlich kreative Möglichkeiten, da eröffnen sich viele neue Räume. Du wirst immer wieder schauen, wie du neu die Menschen anziehen kannst, sie werden deine Leidenschaft spüren. Du bist in einem guten Alter, du bringst Reife mit, manche Fehler, die ein junger Mensch machen würde, machst du nicht mehr.« Natürlich müsse man viel Zeit investieren, aber die Arbeit sei nicht belastend, sondern sehr erfüllend. »Du kannst deinen Traum leben, kreativ sein. Es wird der Raum sein, in dem du dich ausdrücken und gestalten kannst.

Das wird sich herumsprechen und die Leute werden kommen, weil sie das Individuelle suchen. Was du da vorhast, ist wie eine kleine Gemeinde für Menschen, die gemeindefern sind. Ein Ort der Begegnung für Menschen, wohin sie mit ihren Fragen kommen können. Du hast viel zu geben, das ist alles schon in dir drin. Du musst nur da sein! Fang an! Mach das! Alles andere kommt! Geh deinen Weg!« Das war, als ob Gott selbst zu mir sprach. Sehr, sehr ermutigend.

Micha und ich begeben uns auf einen Weg mit offenem Ausgang. Wir reisen zu ausgefallenen Läden und Cafés, besuchen Schulungen und Messen. Unvergesslich unsere erste Messe mit Wohnaccessoires: Sieben Stunden lang laufen wir mit Dauergrinsen durch die Hallen, vergessen zu essen und zu trinken, entdecken staunend unseren nahezu homogenen Geschmack und unsere gemeinsame Freude an skandinavischen Wohnaccessoires und dem Vintage Style. Anschließend setzen wir uns glücklich in ein Café und beschließen: »Wir machen es!«

Wenn Werner und ich zusammen irgendwo einkehren, bestätigt sich unsere gemeinsame Sehnsucht, Menschen auf individuelle Art zu bewirten und ihnen ein Stück Heimat zu bieten. Ich durchblättere kilometerweise inspirierende Zeitschriften. Ein Satz von einem Ehepaar, das ein Café eröffnet hat, springt mich an: »Wir begrüßen Gäste, als wenn sie Freunde wären.«

Micha und ich lernen auf einer Schulung, dass man seine Vision bei einer Fahrt im Fahrstuhl so klar schildern können muss, dass man beim Anhalten nach der Visitenkarte gefragt wird. Wir schälen unsere Vision heraus, bringen unsere vielen Ideen auf den Punkt: Wir wollen einen Ort schaffen, wo man das Leben feiern kann, gestalten und bewältigen. Das möchten wir mit vier Säulen tun: durch ausgewählte Bücher und schöne Dinge, die alle Sinne ansprechen, ein heimeliges Café mit regionalen und jahreszeitlichen Zutaten, Veranstaltungen, mit denen wir Akzente setzen können. An diesem Tag steht in den Losungen: *»Er hat mich gesandt, um es den Trauernden zu ermöglichen, dass ihnen ein Kopfschmuck anstelle von Asche, Freudenöl anstelle von Trauerkleidern, und Lobgesang anstelle eines betrübten Geistes gegeben werde« (Jesaja 61,3a).*

Wir finden eine Steuerberaterin, die an unsere Idee glaubt. Sie findet es bemerkenswert, dass wir unsere Vision so klar in Worte fassen können, das fehle vielen, die ein Geschäft gründen wollen. Nun müssten wir unsere Zielsetzung nur noch mit Zahlen konkretisieren. Uns ist klar, dass das unser Schwachpunkt sein wird …

## Tagebuchnotiz September 2010

Abends ein Telefonat mit Anna, das mich sehr ermutigt: »Ich bin so gespannt wegen eures Ladens! Ich will, dass ihr endlich loslegt. Und ich will dabei sein. Wir werden alle renovieren helfen, das ist doch selbstverständlich. Und ich will bedienen und ausprobieren, was geht. Events, Frühstück, die Frauen werden dir das Haus einrennen, ich suche das immer, wenn ich mich mit einer Freundin treffen will, ein leckeres Frühstücksbuffet an einem gemütlichen Ort!« Das weckt Vorfreude in mir …

Werner ist inspiriert und flexibel, der Traum muss nicht unbedingt auf dem Land verwirklicht werden. Unser Haus wird in einem Jahr abbezahlt sein, finanzieller Spielraum, auf den ich mich gefreut habe, steht neu zur Debatte. Werners Handwerkerseele erwacht neu in ihm, er bekommt Lust, noch einmal ein Haus umzubauen. Nach Muttis Tod entdecke ich eine neue Verwurzelung und Verbundenheit zu meinem Heimatort. Wir durchkämmen die Hauptstraßen nach einem alten Haus mit Scheune. Ich hänge Sätze an den Kühlschrank: *»Nicht in Ehrfurcht erstarren vor dem Unmöglichen, von Zeit zu Zeit einen Traum ins Leben retten.« (Antje Sabine Naegeli)*

*»Wir können Orte schaffen, von denen der helle Schein der Hoffnung in die Dunkelheit der Erde fällt.« (Friedrich von Bodelschwingh)*

Dann geht alles sehr schnell. Gott öffnet eine Tür nach der anderen.

Innerhalb von zwei Wochen sind plötzlich gläubige Menschen an unserer Seite, die sich mit auf den Weg machen. Doro, eine befreundete Autorin und ihr Mann Wolfgang, Psychotherapeut und begleitender Seelsorger, haben ebenfalls einen behinderten Sohn großgeliebt. Doro träumt schon lange von einem kleinen Krämerladen, wo sie ihre Bücher und Karten verkaufen kann und hat Lust, einzusteigen. Wolfgang hätte Lust, unser Projekt mit einem therapeutischen Angebot zu ergänzen und bietet regelmäßige handwerkliche Unterstützung auf der Baustelle an. Da spüren wir, dass Gott dabei ist. Zeitgleich hat Conny, eine langjährige Freundin, seit sieben Jahren Witwe und Trauerbegleiterin, die Idee, ihre Arbeit an einem festen Ort zu tun, statt herumzureisen. Sie hat ihre Kindheit in dem Tante-Emma-Laden ihrer Eltern verbracht und träumt von einer Hoflinde, gestärkten Schürzen und Bonbons für Kinder. Zuletzt sagt Anna zu, konzeptionell mit einzusteigen und uns als Mitarbeiterin regelmäßig zu unterstützen. Unser Spektrum und unsere Möglichkeiten erweiterten sich.

## Mail an das Team im Juni 2011

*Ihr Lieben, es ist entschieden. Wir werden das Haus kaufen und die Scheune zu einem Laden mit Café umbauen und gemeinsam als ein Team, das Gott zusammengestellt hat, darin leben und arbeiten, so Gott will und ihr auch. Franz hat uns eine Kalkulation erstellt, die machbar scheint und Werner und ich haben uns heute Abend entschieden, es zu wagen.*

*Ich spüre so sehr den Frieden Jesu in meinem Herzen und bin glücklich darüber, dass das ausgerechnet an Pfingsten geschieht. Der Wochenspruch Sacharja 4,6 hat mich berührt, weil das auch ein Wort ist, das für Micha und mich seit dem Dünenhof eine besondere Bedeutung hat: »›Nicht durch Gewalt und Kraft wird es geschehen, sondern durch meinen Geist‹, spricht der Herr, der Allmächtige«. Es ist alles so unreal und doch so wirklich. Hugh, Gott hat gesprochen! Ich halte euch auf dem Laufenden. Eure glückliche Bianka.*

Banktermine um Banktermine. Micha und ich besuchen Seminare zur Existenzgründung beim Amt für Wirtschaftsförderung und der Industrie- und Handelskammer. Der Berater der Deutschen Hotel- und Gaststättenvereinigung hört uns eine halbe Stunde lang zu, warnt uns eine Stunde lang und sagt am Ende: »Den meisten Leuten rate ich ab. Ihnen nicht.«

Das muss genügen als Ermutigung … Wir begeben uns auf die Reise durch die deutschdeutschen Instanzen. Wir gründen eine Gesellschaft bürgerlichen Rechts, beantragen eine Gaststättenkonzession. Bevor es endgültig losgeht, fahren Werner und ich ein letztes Mal für wir wissen nicht wie lange eine Woche nach Frankreich.

## Mail August 2011

*Ihr Lieben,*

*Werner und ich sind eine Woche mit Nando und Wohnwagen an der Ardèche. Für mich hat Joyeuse den schönsten Wochenmarkt. Man lustwandelt durch ein kleines Paradies voller Farben, Gerüche, Geräusche und Geschmäcker – Reize für alle Sinne. Ich fotografiere Stände und merke im Lauf der Zeit, dass das, was wir vorhaben, eigentlich ein provenzalischer Markt voller Sinnesfreuden ist. So viele Stände, die Frauen magnetisch anziehen – Schmuck, Blusen, Schals, Düfte, Keramik, Gürtel, Taschen, Wein, Stoffe, Feinkost, Hängematten, Bücher – fasziniert vollendet sich in meinem Herzen eine Lebensspur, die als Kind in den Familienurlauben in Italien begonnen hat – ich will Marktfrau werden!*

*Werner begleitet alles überaus wohlwollend. Hier erwacht wieder der alte Franzose in ihm, den ich nach dem Abitur lieben gelernt habe. Damals wollten wir hierher auswandern. Nun transportieren wir ein Stück französische Lebensart in unsere Heimat.*

Wir finden einen Namen für unser Projekt: Sellawie, eine Hommage an meine Mutter, die diesen Ausdruck für französische Lebensart in ihren letzten Mails mehrmals etwas abgeklärt geschrieben hat.

»Sellawie« pflegte sie in ihren Briefen zu schreiben, wenn alles gesagt schien. *C'est la vie* – so ist das Leben eben, man muss es nehmen, wie es kommt. Beneidenswert, diese Leichtigkeit des Seins, dieser königinnenhafte Gleich-Mut, diese Kraft, die aus der Lebensannahme kommt.

Wie ist es denn, das Leben? Manchmal voller Leichtigkeit und Lebendigkeit, prallvoll mit Festen, die es zu feiern gilt. Oft voller Möglichkeiten, unsere Lebenszeit zu gestalten. Und immer gibt es etwas zu bewältigen.

Im Gottesdienst singen wir *»Du, oh Herr, bist die Quelle des Lebens«*.[6] *C'est la vie* … Gott sagt in Jesus: Ich bin das Leben. Gott spendet Leben. Die Predigt geht um Jesu Wunder der Verwandlung von Wasser in Wein, von Mangel in Fülle. Darüber, dass das erste Wunder Jesu die Menschen zum Festmahl des Lebens einlädt. All das verwebt sich in mir mit dem Sellawie-Traum.

## Tagebuch 1.8.11

Wir finden ein Haus in der Straße, wo ich aufgewachsen bin, das uns geeignet scheint. Es gäbe dort viele Möglichkeiten.

*Liebe Ulrike, unsere Pläne gedeihen, es ist ein Riesenberg Arbeit und Aufregung, ein emotionales Auf und Ab. Am Donnerstag gehen die Pläne an Bauamt und Landratsamt. Wenn grünes Licht*

*für unsere Konzeption kommt, unterschreiben wir den Kaufver-*
*trag. Meine Freundin und Kollegin in spe durchlebt eine tiefe fa-*
*miliäre Krise, die das Ganze fast ins Wanken gebracht hat. Das*
*macht schon was mit einem, so eine Weichenstellung im Leben. Da*
*kommen auch immer wieder Zweifel und das Tasten nach Gott,*
*der relativ zurückhaltend bleibt, sich aber doch immer mal wieder*
*kurz meldet, was bei mir leider nie länger anhält als einen Tag …*

## Tagebuch 16.9.11

Bankzusage für den Hauskredit!!! Halleluja!!! Losung: *»Wer
hat unserer Botschaft geglaubt? Wem wurde der mächtige Arm des
Herrn offenbart?«* (*Jesaja 53,1*).

## Tagebuch 8.3.12

Viermal hintereinander innerhalb von drei Tagen begegnet
mir dieselbe Stelle aus Josua, heute in der Losung. Ich begreife,
dass Gott mir etwas sagen will: *»Hab keine Angst und verliere
nicht den Mut, denn der Herr selbst wird vor dir hergehen. Er wird bei
dir sein. Er wird sich nicht von dir zurückziehen und dich nicht im
Stich lassen!«* (*Josua 1,8*).

Erst bekomme ich es mit der Angst zu tun. Mein alter Au-
tomatismus schlägt zu: Was hat Gott mit mir vor, dass er mich
derart warnen muss? Ach, mein altes Gottesbild, immer wieder taucht es hoch in mir. Unter dem Losungstext steht: *»Die*

*Welt braucht nichts so sehr wie Menschen, die lebendig geworden sind. Unsere Welt braucht Menschen, Menschen, die Mut haben, Menschen, die träumen, Menschen, die Ziele haben, Menschen, die sich begeistern lassen, Menschen, deren Freude ansteckend ist, Menschen, die heute aufwachen mit dem tiefen Wunsch, etwas zu verändern und der Welt ein bisschen Hoffnung geben. Habe ich heute den Mut, ein solcher Mensch zu sein?«* Noch bevor das Senfkorn Aberglaube, der immer noch in mir steckt, diese Vorstellung, dass Gott mir böse kommen wird, mir nichts gönnt, aufkeimen kann, richtet Gott mich auf!

Ein Jahr lang treffen Micha und ich uns wöchentlich, als Team treffen wir uns monatlich. Wir sinnen über Konzepte nach, unser Logo wächst: Erst »Leben mit allen Sinnen«, aber irgendwann reift der Untertitel »Dem Leben ein Zuhause geben«. Mein Schwiegersohn hilft uns maßgeblich bei der grafischen Gestaltung.

Wir schuften gleichzeitig an dem alten Gebäude und an der Konkretisierung unserer Vision. Wir versuchen, einen Businessplan zu erstellen, lernen, wie man Preise kalkuliert, setzen uns mit Handwerkern auseinander, erstellen Baupläne, lernen die deutschdeutschen Behörden noch einmal neu von ihrer ernsthaft-akribischen Seite kennen, erfüllen Auflage um Auflage, erstellen Anträge um Anträge. Ich habe zwar dreißig Jahre lang einen Haushalt geführt, aber das zählt in der Gastronomie nicht. Von einigen schönen Ideen müssen wir uns verabschieden, weil Vorschriften uns einen Strich durch die Rechnung machen.

Während Micha einen Glauben wie einen Felsen daran hat, dass Gott hinter all dem steht (»Wenn Gott will, dass Sellawie entsteht, wird Sellawie entstehen!«), werde ich immer wieder von

Zweifeln erschreckt. Was, wenn wir uns das alles nur einbildeten? Gott ist unverfügbar, sein Segen ebenso wenig. Die heutige Losung ist für mich eine wunderschöne Antwort: *»Ich selbst werde vor meinem Tempel Wache halten und ihn vor einfallenden Armeen schützen. Nie mehr wird ein fremder Unterdrücker das Land meines Volkes überrennen, denn ich bewache es jetzt mit meinen eigenen Augen«* (Sacharja 9,8). Gott ist wundervoll. Ich vertraue auf seinen Schutz.

Jede freie Minute verbringen wir auf der Baustelle. Finanziell schluckt das Projekt durch unvorhersehbare bauliche Maßnahmen ein Drittel mehr als geplant. Ich liege manche Nacht schweißgebadet wach, das Herz schlägt mir bis zum Hals, weil ich nicht weiß, wie mir geschieht, weil ich nicht fassen kann, dass wir im Begriff sind, es wirklich zu tun. Wir flehen zu Gott um Weisheit und Bewahrung. Immer wieder antwortet er mir mit der biblischen Geschichte der Speisung der Fünftausend in Markus 6,30-43, in der ein Junge Gott die wenigen Gaben, die er besitzt, anvertraut und Gott diese vermehrt.

Hier finde ich die biblischen Leitworte zu unserer Vision:

*»Kommt, wir ziehen uns an einen einsamen Ort zurück, wo ihr euch ausruhen könnt.«* Denn ständig waren so viele Menschen um sie, dass Jesus und seine Apostel nicht einmal Zeit fanden zu essen.

*Er hatte Mitleid mit ihnen,*
*denn sie waren wie Schafe ohne Hirten.*
*»Gebt ihr ihnen zu essen.«*
*»Wie viele Brote habt ihr? Geht und stellt es fest.«*
*Alle aßen, so viel sie wollten.*

Markus 6,31.34b.37a.38a.42

Immer wieder plumpst diese Geschichte in mein Sellawie-herz. Die letzten Nächte habe ich wieder mehr gerechnet als geschlafen, unser Baukredit schrumpft in Lichtgeschwindigkeit, manche unserer Planungen gehen nicht so auf, wie wir gehofft haben. Unsere monatlichen Ausgaben steigen kontinuierlich, während noch keine Einnahmen kommen. Immer wieder steigt meine Angst hoch.

Der Jünger klagt: Es würde ein kleines Vermögen kosten, für so viele Menschen Essen zu kaufen. Jesus antwortet: Wie viele Brote habt ihr ... Ich frage mich: Wie viele Brote haben wir? Ein bisschen Menschenliebe, drei Senfkörner Glaube, zwei Hasenfußherzen und ein mutiges Männerherz, ein wenig Barmherzigkeit, eine Handvoll Lebenserfahrung, ein paar Euro, Lust das Leben zu feiern, Sinn für Schönes, Freude an der Schöpfung, das kleine Einmaleins, Aufbruchstimmung, Familiensinn, vier linke Hände und zwei rechte, Freude am Spiel mit Worten, sechs Ohren die hinhören wollen ...

Armin fragt in einer Predigt über die Speisung der 5 000: »Was passiert, wenn wir unvernünftige Glaubensschritte wagen? Jesus segnet unvernünftige Nachfolge, er will uns nicht ausnehmen sondern beschenken – zwölf Körbe voller Unmöglichkeiten.« Ich atme auf, rechne neu mit der Dimension Gottes, vertraue immer wieder auf seinen Zuspruch: Das Wenige wird genügen. Gebt einfach (alles) was ihr habt auf eurer Lebensreise, die paar Brote und Fische – ich werde das Meine dazugeben. So einfach?

## Tagebuch 28.5.12

Der Veterinär vom Landratsamt war da. Zum ersten Mal seit der Schulzeit das Gefühl von Ohnmacht einer Instanz gegenüber, die am längeren Hebel sitzt, immun ist gegen Argumente, nach verborgensten Fehlern sucht, wo Vorschriften womöglich bedroht werden könnten. Wir müssen unser Konzept überdenken, bauliche Maßnahmen ergänzen. Je weiter das Projekt voranschreitet, umso weniger Sicherheiten habe ich in der Hand. Anfangs wollten wir das Vorderhaus vermieten, um gesicherte Einnahmen zu erhalten, nun fügen wir es Stück für Stück unserem Projekt hinzu. Das erscheint sinnvoll, aber damit sinken auch die vorhersehbaren Einnahmequellen. Conny fällt für Monate als Mitarbeiterin wegen einer chronischen Erkrankung aus.

## Zwei Wochen vor der Eröffnung

Gestern dachte ich zum ersten Mal: Wenn ich jetzt noch das Rad zurückdrehen könnte, ich würde es tun. Ich war so verzweifelt ... die Luft wird eng. Mir fehlt die Fantasie, mir vorstellen zu können, dass Sellawie irgendwen interessieren könnte und dass wir es schaffen, dass Menschen hier zufrieden sind. Ein schlimmer Zweifel. Werner und ich sind beide am Anschlag, aber wir sind auch tapfer und rangeln uns immer wieder zueinander durch. Ich habe existenzielle Ängste und spüre, wie mein Körper älter wird. Nun habe ich mir auch noch einen Fußzeh gebrochen. Zeit und Geld werden knapp. Aber Sellawie selbst wird immer schöner. Und Jesus ist da.

# Fünf Tage vor Eröffnung

Losung: »*Denn Gott bewirkt in euch den Wunsch, ihm zu gehorchen, und er gibt euch auch die Kraft zu tun, was ihm Freude macht*« *(Philipper 2,13).* …

SMS an Conny: Bitte bete für mich, meine Nerven werden immer dünner, mir steht das Wasser bis zum Hals. SMS zurück:

»*Wenn du durch Wasser gehst, werde ich bei dir sein*« *(Jesaja 43,2).*

# Paradigmenwechsel

Wir haben es getan! Wir haben tatsächlich unser Laden-Café Sellawie eröffnet!

Ohne Gott und ohne die barmherzige Mithilfe vieler befreundeter Helfer hätten wir es nicht geschafft. Jeder, der im Vorfeld neugierig reinschnupperte, um zu sehen, was wir so treiben, hinterließ den gleichen ungebetenen Kommentar: »Wann wollt ihr eröffnen? Dieses Jahr??«

Sehr dankbar war ich für eine Freundin, die eine Hotline einrichtete für Menschen, die in irgendeiner Weise helfen könnten. Für Freundinnen, die Möbel aufbauten und hinter uns herputzten, für ihre Männer, die plötzlich aus dem Nichts auftauchten und bohrten, sägten, leimten und hämmerten. Eine Freundin brachte literweise Kartoffelsuppe, eine mütterliche Wohltat für mich, die ich gerade jetzt meine Mutter besonders vermisste. Eine andere Freundin führte täglich unseren Hund aus. Lena übernahm unseren Haushalt.

Anna verbrachte ihren Jahresurlaub auf der Baustelle und entpuppte sich als Organisationstalent per se. Sie koordinierte die Armee der Helfer. Sie erstellte eine Liste, worauf stand: Was steht an? Welches Material muss wo besorgt werden? Wer kommt? Was kannst du??

Es war wie ein Ameisenhaufen, ein schöpferisches Chaos, oft liefen zwanzig Menschen umeinander, jeder im Kopf ein klar umrissenes Projekt, wofür er zuständig war. Wir arbeiteten wie in Trance achtzehn Stunden am Tag. Es war der absolute Ausnahmezustand. Die Nacht vor der Eröffnung arbeiteten wir durch. Um zehn Uhr schoben wir die Handwerker aus dem Hintereingang und öffneten die Pforte für die Gäste.

Jeder, der nun reinkam, war auf einmal überrascht und begeistert. Wir sind auch begeistert über das Ergebnis nach einem Jahr Arbeit, aber wir sind nicht überrascht. Wir haben das heutige Bild seit den anfänglichen Räumungs- und Abrissarbeiten bis hin zu jedem einzelnen Bauabschnitt genau so in uns getragen. Dennoch staune auch ich, dass alles »siehe es war sehr gut« ist, dass aus dem Chaos so etwas Schönes entstehen konnte.

Ich muss mich umgewöhnen. Statt »Ich gehe auf die Baustelle«, darf ich sagen: »Ich gehe ins Sellawie.« Die ersten Wochen fühle ich mich, als stünde ich neben mir. Ein völlig neuer Lebensabschnitt hat begonnen. Es ist, als hätte ich ein Jahr lang eine Expedition in ein fremdes Land geplant, ein Jahr voller Einschränkungen und Konzentration auf ein großes Ziel, und nun geht die Reise tatsächlich los.

Wie damals, als plötzlich nach langer Schwangerschaft meine erste Tochter neben mir lag und ich begriff, dass ich ein Kind bekommen hatte, dass ich Mutter geworden war.

Sechs Wochen später gibt es irgend einen unspektakulären Augenblick, als Werner gerade Flammkuchen macht, Jan eine heiße Schokolade trinkt und dann in den Teenkreis fährt, Anna sich mit ihren Freunden hier trifft und Lena hinter der Theke arbeitet – Glück durchströmt mich, als ich erkenne, dass wir ein Familienunternehmen geworden sind im schönsten Wortsinn. Wenn die Bärenmutter in mir das früher gewusst hätte, hätte sie sich manche Verlustängste sparen können. Als alle Gäste gegangen sind, sitze ich lange mit Werner und Micha im Café und beginne zu begreifen, dass hier mein neuer Lebensschwerpunkt sein wird. Das ist der Moment, in dem ich merke, dass ich angekommen bin, in mir und im Sellawie.

# Himmelweiter Unterschied

Bis Weihnachten geht es noch. Dann kommt die Jahreswende mit ihren typischen Beschäftigungen wie Familiengeburtstage, Silvesterfeier, Inventur, Jahresrückblick, neue Ziele fassen. Aber dann – zappaduster, wie man im Badischen sagt. Winterstarre. Nichts bewegt sich. Der See ist zugefroren. Das Wasser für Hund, Hühner, Hasen ebenfalls.

Morgen für Morgen überrede ich mich zu der ach so wichtigen Frühgymnastik, bedanke mich bei Gott für die Portion Vitamine in meinem Müsli, überwinde meine innere Schweinehündin und fahre mit dem jahreszeitlich unabhängig hoch motivierten Hund hinaus ins Freie. Als ich aus dem Auto steige, schlägt mir ein eisiger Wind entgegen. Einsam marschiere ich unter düsterem Himmel durch eine freudlose Landschaft. »Wüst und kahl« denke ich. Worte von der ersten Seite der Bibel wehen durch mein unterkühltes Hirn. *»Die Erde aber war wüst und öde, finster war es über den Wassern« (1. Mose 1,2a).* Das mag noch eine Spur härter gewesen sein, aber eine Ahnung davon liefert mir der Winter noch heute. Jahrtausende später, nach der warmen, lichterfüllten Weihnachtszeit, sehne ich mich alltäglich nach Licht, Wärme, Leben, Fruchtbarkeit.

*»Darum ist erschienen die Güte Gottes unter uns« (1. Johannes 4,9a; Luther)* singt es plötzlich in mir. Ja, das war wirklich dringend nötig, dass die Güte Gottes unter uns erschienen ist, sonst hätte Gott, der die personifizierte Liebe und Freude ist, keine Freude an seiner Erde gehabt. Die Erde war wüst und leer, und die Menschen darauf hatten wüste Gedanken und leere Herzen.

Heute Morgen, als ich die Weihnachtsdekoration in den Keller brachte, sprangen mir von einem Bündel Weihnachtspost ein letztes Mal die guten alten Weihnachtsworte entgegen:

*Denn die Dunkelheit weicht zurück und das wahre Licht leuchtet schon.*

*Das Volk, das im Finstern lebt, sieht ein großes Licht; hell strahlt es auf über denen, die ohne Hoffnung sind. Denn uns ist ein Kind geboren! Ein Sohn ist uns geschenkt! Er wird die Herrschaft übernehmen.*

*Und sie sahen die Herrlichkeit des Herrn.*

Schön für die Hirten, dass sie das wirklich sehen durften. Ich muss mich auf Geschichten verlassen, die Zeitgenossen dieser begnadeten Augenzeugen aufgeschrieben haben. Letzten Endes muss ich mich auf Gott verlassen, der diese Erde erschaffen hat, dem sie zu düster und leer war, der Licht in diese Welt gebracht hat.

Weihnachten. Meine Freundin wird nach 25 Jahren Ehe von heute auf morgen von ihrem Mann verlassen. Die Mutter einer anderen Freundin und der Vater eines Freundes sterben von einem Tag auf den anderen. Eine junge, befreundete Mutter von vier Kindern geht durch ein finsteres Tal der Erschöpfung und Perspektivlosigkeit. Die einzige Tochter einer Freundin erhält einen Heiratsantrag aus Texas und sagt Ja. Ich erfahre von der übermannenden Trauer eines guten Bekannten, dessen Sohn mit dem Motorrad tödlich verunglückte. Mich quält das Leid der Welt, meine Rücken- und Zahnschmerzen, die Aussicht, demnächst fünfzig werden zu dürfen/sollen/müssen. Ich ahne, was das heißt und kämpfe tapfer gegen die alte Lebens- und

Sterbensangst, strecke mich aus nach dem Licht. Viele schreiben mir dieses Jahr in ihrer Weihnachtspost: So nötig hatte ich Weihnachten noch nie. Ich kann sie so gut verstehen.

In den kommenden Wochen und Monaten erlebe ich, wie meine gedemütigte Freundin Gottes konkrete und barmherzige Hilfe erfährt und ihr Leben neu und in die eigene Hand nimmt. Während ich mit dem totalen Zerbruch ihrer verletzten Seele gerechnet habe, erlebe ich ihre Auferstehung. Ich erlebe, wie real der Trost meiner Freunde ist, ihre Eltern zu Hause bei Gott zu wissen, wo sie sie eines sonnigen Tages wiedersehen dürfen. Wie die vierfache Mutter sich nach Sinn und Bestätigung durch Jesus ausstreckt und dort neue Ausrichtung und Kraft findet, die wirklich Ausdruck in ihrem Alltag findet. Wie meine tapfere Freundin ihre Tochter loslassen kann in der Freiheit, die sie bei Gott erlebt. Wie mein Bekannter die tiefe Trauer aushält, indem er sie Gott hinhält, wo er Perspektive und Hoffnung findet. Lauter überraschende Auferstehungsprozesse, die durchlebt werden mussten, mir aber Mut zum Glauben schenkten.

*»Hell strahlt es auf über denen, die ohne Hoffnung sind«* – es macht einen himmelweiten Unterschied aus, durch dieses Leben zu gehen, das so viele Hoffnungen durchkreuzt, wenn man das Licht gesehen hat. Das hat auch schon Helmut Gollwitzer festgestellt:

> *»Die Nacht wird nicht ewig dauern. Es wird nicht finster bleiben. Die Tage, von denen wir sagen, sie gefallen uns nicht, werden nicht die letzten Tage sein. Wir schauen durch sie hindurch vorwärts auf ein Licht, zu dem wir schon jetzt gehören und das uns nicht loslassen wird.«*[7]

# Parfümerie

Heute werde ich einen kleinen Einkauf in der Parfümerie tätigen, wo ich seit Urzeiten nicht mehr war. Nicht, dass Geld übrig wäre für die dortigen Luxusgüter. Im Gegenteil, wir haben einen innerfamiliären Einkaufsstopp ausgerufen aufgrund der unsoliden Kontosituation. Bessere Zeiten sind in Sicht, aber jetzt ist Disziplin angesagt. Doch Glückes Geschick: Seit meinem Geburtstag bin ich im Besitz eines Gutscheins, den ich nun einlösen werde. Kaum überschreite ich die Schwelle des Salons, ändert sich mein Lebensgefühl. Bemüht, ich selbst zu bleiben, stelle ich mich sehr authentisch vor die Kosmetikerin und sage so neutral und selbstbewusst wie möglich: »Ich habe einen Gutschein über zwanzig Euro und würde gern eine Tagescreme kaufen.« Das habe ich mir vorher überlegt, dass das wohl drin sein muss für das Sümmchen.

Motiviert zieht die Dame los und wird gleich zweimal fündig. Ob sie die Cremes auf meiner Hand testen dürfe. Oh, die sei aber trocken, ob sie die erst einmal pflegen dürfe. Und dann trägt sie mit Spatel eine Reinigungslotion, eine Cremegrundierung, eine Creme auf, massiert alles mit Wattebäuschchen ein und trägt überschüssige Reste mit einer erneuten Portion Reinigungslotion wieder ab. »Gleich ganz anders!« Fühle mich nun doch wie Lieschen Doof vom Lande. Nun trägt sie mit einem weiteren Spatel einen Hauch der getönten Tagescreme ihrer Wahl auf dem gepflegten Handrücken auf, erläutert dabei Farbe, Konsistenz, Pflegeeigenschaften, Firmenname. Schön sieht es aus, ein rosenholzangehauchtes mattiertes

Braun. Aber sie hat noch eine zweite Creme zur Auswahl und die ist noch schöner, mit Goldpartikelchen, die einen strahlenden Teint versprechen. Wir treten ans Tageslicht, um die Wahl zu erleichtern. Sie plädiert für die goldene Creme und ich stimme gespannt zu. An der Kasse empfiehlt sie mir noch ein schönes Angebot für eine Feuchtigkeitsmaske, ich lehne ab. Sie schwärmt davon, dass ich gleichzeitig einen fünfzehnfachen Lichtschutzfaktor erwerbe und reichhaltige Pflegesubstanzen, sodass ich im Sommer lediglich ein kleines Serum darunter aufzutragen bräuchte. Aha … Sie reicht mir noch die Probe eines schönen kleinen Serums, dann erscheint die Summe auf dem Kassendisplay. »47,80 Euro« lese ich erschrocken. »Ist das der Preis meiner Creme, den Sie da getippt haben?«, frage ich unprofessionell nach und mein Lebensgefühl ändert sich erneut schlagartig. Ja. Ist es. Würdevoll erinnere ich: »Ich habe einen Gutschein für zwanzig Euro!« Ihr Gesicht stürzt für einen Moment ab, dann hat sie sich wieder im Griff, nimmt Creme und Serumprobe an sich und macht sich, nun etwas distinguierter, erneut auf die Suche: »Wir werden schon etwas finden!« Diesmal braucht sie etwas länger, dann kommt sie mit einer klitzekleinen Fünfziggrammtube einer Marke zurück, die es in jeder Drogerie gibt. Sie trägt sie rasch auf meine Hand auf, sagt: »Auch ein schönes Braun« und dass es zwölf Euro kostet. Ich verlasse den glitzernden Saal mit einem schalen Gefühl. All die Cremes, die ich gesehen habe, die mit vielen wissenschaftlichen Belegen versprechen zu verjüngen oder zu erhalten, werde ich nie besitzen. Total komplett unterversorgt werde ich vor mich hinrunzeln und vermeidbar früh alt und grau aussehen. Vor dem Betreten dieses Hightechsalons ist es mir definitiv besser gegangen. Ich biege ab und begebe mich

in den neuen riesigen Drogeriemarkt der Stadt. Dort will ich eine zweite Investition tätigen, die allerdings zum ersten Mal im Leben. In einer Ausgabe der Zeitschrift »Frau für die zweite Lebenshälfte« oder so entdeckte ich den Tipp, das weibliche Dekolleté mit Liebe zu pflegen, mit Produkten, die eigens für diese repräsentative Zone hergestellt werden. Mit Lichtschutz. Gegen freie Radikale. Pflegend. Straffend. Das leuchtet mir sehr ein und ich frage beherzt nach der Dekolletécreme der alten blauen Hausmarke meines Vertrauens. Gibt es nicht mehr, sächselt die Verkäuferin, was sag ich da, Drogistin oder Parfümeriefachverkäuferin mit weißem Kittel und Einmalhandschuhen. Sehr steril, sehr kompetent. »Ich könnte Ihnen eine andere Serie vorstellen, allerdings bewegen wir uns da in einem anderen Preissegment«. Äußerlich folge ich ihr, innerlich hänge ich bereits ab. Vorbei an etlichen Preissegmenten, die sich allesamt jenseits meines Portemonnaies befinden, stoppt sie bei einer Edelmarke und deutet auf eine kleine Sprühflasche mit dem Preisschild 79,95 €. »Das«, sage ich, »befindet sich eindeutig oberhalb meines Preissegments« und das denke ich auch bei drei weiteren, die jeweils zehn Euro günstiger sind. Am Ende meint sie, dass sie dann passen müsse und ich sage, dass ihre Kollegin mir vorhin bei den Billigmarken eine Dekolletécreme gezeigt hat, und sie meint: »Den Weg dorthin finden Sie sicherlich alleine …« Auf dem Weg dorthin linse ich in einen Spiegel, um herauszufinden, ob ich aussehe, als könnte ich mir Dekolletécremes für 79,95 € leisten oder als hätte ich die nötig. Nun fühle ich mich noch mehr demontiert …
Ich ziehe Leine. Vor dem Gebäude steht eine obdachlose alte Frau mit gekrümmtem Rücken. Ihr Kopf hängt herab, als wäre er ihr zu schwer geworden. Sie kann mich nur mit An-

strengung von unten her ansehen. »Morbus Bechterev«, sagt sie, als ich sie auf ihren Rücken anspreche, »aber ich lass mich nicht hängen!« Zum Lachen, wenn es nicht zum Weinen wäre. »Man muss das Leben nehmen, wie es kommt«, sagt sie. Ihre schmerzhafte und entstellende Wirbelsäulenerkrankung lässt sich nicht mit noch so teuren Kosmetikprodukten übertünchen. Innerhalb von Sekunden rückt sich in mir gerade, was sich im Schönheitssalon verkrümmt hat.

# Popeye lässt grüßen

»*Meine Gnade ist alles, was du brauchst. Meine Kraft zeigt sich in deiner Schwäche*« *(2. Korinther 12,9).* … Eine Freundin meinte neulich noch: »Das ist keine schöne Jahreslosung. Ich will nicht schwach sein!« Kurz danach wurde sie mehrmals notoperiert wegen einer akuten Erkrankung. Wie schnell sind wir schwach, ob wir wollen oder nicht. Das hat mich an eigene Lebenskrisen erinnert …

Jans Leben hing in seinen ersten zwei Jahren wiederholt am seidenen Faden. Manchmal habe ich damals Gottes Kraft schmerzlich vermisst. Für mein Kind war ich stark, aber in mir drin fühlte ich mich oft wie aufgelöst vor Mutterschmerz. Jan musste oft operiert werden. In einer meiner dunkelsten Stunden brachte mir jemand ein schreiendes, aus Mund und Nase blutendes Bündel Schmerz und ließ mich damit allein. Ich hatte keine Worte mehr zum Beten. Ich war ein einziges stummes, verzweifeltes Fragezeichen an Gott. Plötzlich schob sich ein Bild vor meine Augen, das mir bis heute glasklar abrufbar bleibt. Es war der Blick aus dem Universum auf die Erde als blauen Planeten, darauf sah ich Golgatha mit drei Kreuzen. Die Zeit blieb stehen. Ich spürte Gottes abgrundtiefen Schmerz um seinen Sohn und wusste mich verstanden. Ich sank auf die Knie und wurde ganz still angesichts Gottes eigener Ohnmacht.

»*Meine Gnade ist alles, was du brauchst. Meine Kraft zeigt sich in deiner Schwäche*« *(2. Korinther 12,9).* … In meinem Leben erkenne ich dieses geistliche Naturgesetz oft darin, dass wir als

Ehepaar zusammengehalten haben. Wir hätten auch scheitern können, so sehr wie wir an unsere Grenzen kamen in der herausfordernden Zeit von Jans ersten Lebensjahren. Ich rechne die Tatsache, dass wir all die Jahre als Familie unter einem Dach verbracht haben, der Kraft Gottes zu, die oft genug in unserer Schwachheit mächtig war.

… Während meiner Krebserkrankung stand ich dann an meinem eigenen Abgrund. In meiner Angst, dass sich mein Glaube angesichts eines solchen Härtetests als Gute-Zeiten-Hokuspokus entpuppen könnte, habe ich Gott treu und gegenwärtig erlebt. Ich erfuhr Gottes Gegenwart sofort Ehrfurcht erregend spürbar, über die ganze erste Krisenzeit hinweg, später immer wieder punktuell, wenn meine Seele noch mal wankte.

Im Leben gibt es so viel Schönes und so viele Zumutungen. Ich will nicht immer stark sein müssen, ich will auf keinen Fall schwach sein. Ich will das Paradies auf Erden, aber Gott sagt: »Gnade genügt!« Es bleibt ein Geheimnis …

> *»Glücklich sind die Menschen, die in dir ihre Stärke finden und von Herzen dir nachfolgen. Wenn sie das Tal der Tränen durchqueren, wird es ihnen zu einem Ort erfrischender Quellen und der Frühregen bedeckt es mit Segen. So bekommen sie immer wieder neue Kraft und erscheinen in Jerusalem vor Gott.«*
>
> *Psalm 84,6-8*

# Sei nicht bekümmert!

Wir stehen vier Wochen vor der geplanten Eröffnung von Sellawie. Zwei Jahre Vorbereitung liegen hinter uns. Die Lage spitzt sich zu. Ich habe es satt, halbe Tage lang Fehler auszubügeln, die ich gemacht habe. Ganz glorreich zum Beispiel heute: Das Finanzamt hat eine größere Summe Geld, auf die ich sehnsüchtig warte, einem fremden Konto gutgeschrieben, weil ich aus dem Gedächtnis eine falsche Nummer angegeben hatte. Auf mein Gedächtnis ist kein Verlass mehr. Ich kenne nicht einmal mehr meine gute alte Kontonummer. Überhaupt kann ich mir kaum noch etwas merken. Meine Zettelsysteme überschlagen sich. Meine Ablagesysteme ebenfalls. Ständig muss ich Entscheidungen treffen. Ständig läuft etwas schief. Ich will mein einfaches Leben zurück …

Gestern war ich sehr verzweifelt, wieder einmal aufgrund der bedrohlich wirkenden finanziellen Seite. Werner und ich bekommen wieder leichter Stress miteinander, einmal weil wir einfach Stress haben und dann weil jeder anders damit umgeht. Ich bin eine Ängstigerin, Werner ein Verdränger und unter Stress ein Zweckoptimist. Das macht, dass ich mich verzweifelt und alleingelassen fühle und Werner aggressiv und unter Druck gesetzt.

Mit großer Besorgnis beende ich meinen Tag, trotz ernsthaften Bemühens bleibt die finanzielle Seite für mich einfach undurchschaubar. Angst macht sich breit. Da fällt mir ein, dass ich beten darf und auf, dass mir Gott so fern vorkommt. Das bewirkt einen Moment der Umkehr. Ich bitte Gott um ein

Zeichen seiner Nähe, wie immer ohne großen Glauben. Fünf Minuten später, als ich seufzend meine Zähne putze und denke: »Ich habe solche Sorgen!« singt es plötzlich in mir wie eine Antwort: *»Seid nicht bekümmert, seid nicht bekümmert, denn die Freude am Herrn ist eure Stärke, seid nicht bekümmert, seid nicht bekümmert, denn die Freude am Herrn ist eure Kraft!«*[8] Welch ein Geschenk! Dieses alte Lied! Dass es noch da ist, dass es mir zufällt, dass es mich tröstet … Immerhin funktioniert hin und wieder noch mein Langzeitgedächtnis … Gottes Zuspruch kommt in meinem Hasenherz an: Bekümmere dich nicht, vertrau nicht auf deine Kraft/Weisheit/Finanzen, die Freude am Herrn ist deine Kraft! Ich suche, finde die entsprechende Bibelstelle bei Nehemia und finde auch den Kontext bemerkenswert. Ja, darauf will ich bauen, vertrauen, mich fallen lassen. Ich schlafe zum ersten Mal seit Langem tief und traumlos.

*»Heute ist ein heiliger Tag für den Herrn, euren Gott. Weint also nicht und trauert auch nicht!« Denn alle Menschen hatten geweint, als sie die Worte des Gesetzes hörten. Nehemia fuhr fort: »Geht und feiert ein Fest mit köstlichem Essen und süßen Getränken und teilt eure Speisen mit denen, die nichts vorbereitet haben. Denn dies ist ein heiliger Tag für unseren Herrn. Seid nicht traurig, denn die Freude am Herrn ist eure Zuflucht!«*

*Nehemia 8,9b-10*

# Schuldentilgung

Wenn man ein Haus kauft, muss man viele Dokumente beantragen, ausfüllen, beglaubigen lassen, unterschreiben, wegschicken. Irgendwann, denkt man, ist man durch. So ging es mir vergangenen Sommer, als Werner und ich uns entschieden hatten, noch einmal von vorn zu beginnen und ein Haus zu kaufen.

Da wir das Gebäude gewerblich nutzen wollten, lernten wir noch einmal ganz neue Ämter kennen, von deren Existenz wir bis dahin gar nichts wussten. Deutschland von seiner bürokratischsten Seite. Wir waren so gut wie durch, durch den Blätterwald. Als wir uns bereits entspannten, erfuhren wir, dass vor Bewilligung des Bauantrages lediglich noch eine Löschungsbewilligung der Grundschuld von unserer Hausbank erteilt werden müsse. Also rief ich dort an, um das anzuberaumen. Ich erfuhr, dass wir beide körperlich vor Ort erscheinen und unterschreiben mussten. Dazu musste ein Antrag beim Grundbuchamt gestellt werden. Das konnte nur geschehen, wenn die zuständige Rechtspflegerin körperlich vorhanden war, was nur zweimal im Monat der Fall ist. Sie musste unsere Unterschriften beglaubigen. Meine Banksachbearbeiterin leitete derweil unser Anliegen weiter an die Kreditabteilung. Werner reichte einen Urlaubstag ein. Wenn unsere beglaubigten Unterschriften vorlägen, könne es dann ganz schnell gehen, dass unsere beglaubigten Unterschriften von den Bankvorständen beglaubigt wurden. Der nächste Beglaubigungstermin würde in vier Wochen sein … Es muss wirklich schwerwiegend sein, eine Grundschuld zu löschen.

Es wurde nicht leichter in den kommenden Monaten. War ein Berg abgetragen, stand der nächste vor der Tür. Lieferscheine, Angebote, Rechnungen, Steuererklärungen, Termine … Ich spürte meine elterliche Prägung, erst die Arbeit dann das Vergnügen, zuallererst die allerwichtigste Arbeit und dann brav die To-do's nach Priorität abarbeiten. Früher hatte ich versuchsweise eine lange Bank, worauf ich meine Aufgaben und Projekte papiermäßig sortierte, von rechts nach links von superwichtig nach gehtsosuperwichtig. Hat nicht wirklich funktioniert. Jetzt ist die lange Bank in meinem Kopf und ersetzt durch den dicken Berg (auf dem Schreibtisch). Vielleicht gibt es die Gabe der Bürokratie und ich habe sie nicht erhalten.

Jan hat Probleme mit seinem Knie. Nach einem langen Gang durch Krankenhäuser und verschiedene Arztpraxen sind wir ratlos, wie es weitergehen soll. Irgendwann erfahre ich von einem renommierten Orthopäden und Sportarzt. Ein Besuch bei ihm erspare häufig unnötige Behandlungen. Die Kosten übernimmt die Krankenkasse allerdings nur bei Privatpatienten. Ich entscheide mich dafür, mit Jan ein Beratungsgespräch in Anspruch zu nehmen. Es lohnt sich. Noch nie wurde Jan so ausführlich und kompetent untersucht. Am Ende wird Jan freigesprochen, es soll gar nichts gemacht werden. Uns fällt ein Stein vom Herzen: Keine Knieoperationen. Keine langwierigen Spritzenbehandlungen. Jan erhält andere Hilfsmittel, die ausreichen. Wir sind schon lang nicht mehr so zuvorkommend behandelt worden. Als Normalpatient bleibt man oft schon an der Hotline oder im Wartezimmer hängen. Als ich neulich in einer Klinik anrufen wollte, kam ich stundenlang nicht durch. Ich versuchte es bei der Privatsprechstunde, konnte auf eine Mailbox sprechen und bekam postwendend einen Rückruf.

Wir sind umgeben von Bürokratie. Aber wir sind auch umgeben von einem Gott, der anders ist, unkonventionell, unbürokratisch, herrlich unkompliziert.

Bei Gott genügt ein Gebet und er löscht meine gesamte Grundschuld, wirft sie ins äußerste Meer. Bei Gott ist guter Rat nicht teuer. Bei Gott bin ich Privatpatient. Er lässt mich nicht in der Warteschleife hängen, wenn ich mich an ihn wenden will. Gott stellt nicht so lebensfeindliche Regeln auf wie »Morgen morgen nur nicht heute sagen alle faulen Leute«, »Erst die Arbeit, dann das Vergnügen«, … Ihm darf ich meine lange Bank ebenso anvertrauen wie mein Bedürfnis nach Erholung und Freizeit.

# Sehnsucht nach Big Dad

Jan liebt es, als letztverbliebenes Kind mit uns zu leben. Werner legt noch einmal alle Vaterwärme in ihn rein, knuddelt ihn, reizt ihn zur Gegenwehr und Eigeninitiative. Es ist schön, ihn im Umgang mit seinem Sohn zu erleben, so zugewandt, zärtlich, zufrieden, zeitreich. Er liebt jedes seiner Kinder auf ähnliche, aber auch auf besondere Weise. Bei Werner habe ich zum zweiten Mal im Leben die Chance, Vaterliebe zu buchstabieren. Die Liebe meines Vaters zu mir ist groß. Werners Liebe zu seinen Kindern ist daneben tief und weit und gekennzeichnet durch Gelassenheit, Reife, Vertrauen und Freiheit. Keine Manipulation. Kein Besitzanspruch. Er sehnt sich nach seinen erwachsen gewordenen Töchtern, wartet geduldig auf sie, ist stolz auf sie und vertraut darauf, dass sie ihn lieben und einen guten Weg gehen. Bei Kontakten begegnet er ihnen freundlich, unbefangen, liebevoll, hilfsbereit, ohne jede Erwartung. Und dann gibt es da noch unseren Sohn.

Werner fährt Jan seit vier Jahren in aller »Herrgottsfrühe« den weiten Weg nach Winnenden ins Internat, danach zurück in die entgegengesetzte Richtung zur Arbeit. Das macht er, damit Jan die Förderung und Ausbildung in dem Berufsbildungswerk für Behinderte genießen kann und uns das ganze Wochenende. Jan kommt mit dem Zug heimgereist, Werner fährt ihn zurück. Es geschieht selten etwas Besonderes an diesen Sonntagabenden, die Werner seinem Sohn dadurch schenkt. Jan weiß nicht, was sein Vater dafür auf sich nimmt. Er genießt einfach entspannt die Wohnzimmergemeinschaft.

Werner genießt die morgendlichen Fahrten mit Jan, plaudert mit ihm, lässt ihn schlafen, wenn er müde ist, steckt ihm Taschengeld zu und sieht ihm voller Respekt nach, bis er mit seiner großen Reisetasche um die Ecke verschwindet. Abends ist Werner hundshackemüde.

Eines Tages wütet bei uns ein Magendarmvirus. Wie immer fängt es bei mir an. Als ich erschöpft zu Bett gehe, meint Werner: »Mir ist schlecht« und macht die Nacht zum Tag. Morgens, als wir beide nach einer unsäglichen Nacht auf dem Sofa hängen, frage ich Jan per SMS nach seinem Befinden. Er schreibt: »Ich habe auch Brechen. Gehe nachher zum Arzt. Euch gute Besserung. Mit freundlichen Grüßen Jan.« Während ich noch herauszufinden versuche, wie ernst Jans Ernstfall ist, sitzt der hundshackemüde Vater schon im Auto und fährt mit weichen Knien nach Winnenden, wohin er seinen tapferen Sohn tags zuvor gebracht hat. 120 Kilometer hin, 120 zurück. Ich denke: Vater. Inbegriff von Vater. Kann sich selbst kaum auf den Beinen halten, hat in der Firma trotz wichtiger Sitzung abgesagt, was ihm unendlich schwer gefallen ist und holt seinen Sohn ab. Er trifft ihn schluchzend an. Mittags liegen die beiden auf dem Sofa und schlafen, ich koche Hühnersuppe und denke über mein Vaterbild nach.

Was für ein schönes Bild des Vaters, der seinen Sohn heimholt. Ich darf das Wort Vater neu buchstabieren lernen. Wenn mein eigener, verwitweter Vater weiche Momente hat, in denen er sich, mich und das Leben mild bewertet, schmelze ich dahin vor Vaterliebe und Tochtergeborgenheit. Ich habe solch eine Sehnsucht nach einem gütigen, liebenden Vater …

Ich lese heilsame Verse in der Bibel:

Unser Gott vergibt uns, was auch immer wir getan haben.

*»Meine Gedanken sind nicht eure Gedanken«, sagt der Herr, »und meine Wege sind nicht eure Wege. Denn so viel der Himmel höher ist als die Erde, so viel höher stehen meine Wege über euren Wegen und meine Gedanken über euren Gedanken« (Jesaja 55,8-9).*

Ich bin überrascht. Bisher habe ich dieses Wort immer pessimistisch gedeutet: Gott kann jederzeit meine Pläne durchstreichen, die ich fröhlich schmiede, wie ein Spielverderber, Ätschbätsch, zunichte, umsonst gefreut. Tief in meinem Innern halte ich das jederzeit für möglich, ja rechne ich fast damit. Obwohl mein ganzes Leben mit meinem himmlischen Vater dagegenspricht. Ich erschrecke über dieses Gottesbild, das da immer noch wieder hochkommt. Es hängt mit frühen Kindheitserfahrungen zusammen, die sich tief in meine Seele eingegraben haben.

Meine Gedanken sind vielleicht Sorge, Zweifel, Angst. Aber Gott hat andere Gedanken über mich. Ich hänge ein Kreuz in meinem Zimmer auf. Es erinnert mich daran, dass Gott bereit war, lieber für mich zu sterben als mich im Stich zu lassen.

# Petrüssin

Zwei Jahre lang haben wir geplant für unser Vorhaben, ein Laden-Café in unserem Wohnort zu erschaffen. Ein Jahr tägliche Baustellenarbeit liegt hinter uns, die Eröffnung von Sellawie steht kurz bevor. Die letzten Tage kosten unendlich viel Kraft, aber ich habe nicht mehr unendlich viel davon. Die Luft wird eng. Gefühlte siebzig Entscheidungen pro Tag, siebzig Rechnungen im Briefkasten, siebzig Anrufe in der Stunde zermürben mich. Es ist ein Wettlauf mit der Zeit.

Gestern dachte ich zum ersten Mal: Wenn ich jetzt das Rad zurückdrehen könnte, ich würde es tun. Jetzt, wo der Traum beginnt, Wirklichkeit zu werden, fehlt mir die Fantasie, mir vorstellen zu können, dass Sellawie irgendwen interessieren könnte und dass wir es schaffen können, dass sich Menschen hier wohlfühlen. Ein schlimmer Zweifel. Ich habe existenzielle Ängste und spüre wie mein Körper älter wird. Ich bin elendig aufgeregt.

Ich habe keinerlei Sicherheit. Ich weiß nicht, ob das Café schön werden wird. Ob ausreichend Ware kommt, die wir im Frühjahr bei skandinavischen Lieferanten bestellt haben. Ob wir sie bezahlen können. Ob die Leute wegen so einer kleinen Speisekarte kommen werden. Falls sie kommen, ob wir dann personell den Herausforderungen gewachsen sein werden. Wann der bestellte Flammkuchenherd kommt und ob wir ihn bedienen können. Ob bis zur Eröffnung die Gaststättenkonzession erteilt sein wird. Ich muss den neuen PC kennenlernen, viele finanzielle Angelegenheiten regeln, Bücher bestellen. Unsere Kühlschränke sind immer noch nicht geliefert. Die alten Möbel, die wir restauriert haben, erscheinen mir auf einmal stümperhaft. Ich glaube, wir haben viel zu viel weiß angestrichen.

Ich fühle mich wie Petrus, der tapfer auf dem Wasser geht und unterzugehen droht, sobald er den Blick auf Jesus verliert. Mir steht das Wasser bis zum Hals. An Schlaf ist nicht zu denken. Voller Sorgen und Angst stehe ich um 5.30 Uhr auf, um meine Gymnastik zu machen, aber dann liege ich wie gelähmt auf meiner Matte und will mich dem Tag nicht stellen, dessen Herausforderungen wie eine Überforderungswolke über mir schweben. Ich habe keine Ahnung wie ich alles bewältigen kann. Endlich fängt es in mir an zu beten: »Danke, Gott, für all die Stärkung in den vergangenen Monaten durch dein Wort. Darf ich dich für die nächste Etappe, die letzten zwölf Tage vor Beginn des neuen Lebensabschnittes, noch einmal um ein Zeichen deiner Nähe bitten, um Zuspruch?« Ich lege eine CD ein, mache meine Übungen, alle Gedanken kreisen um offene To-do's. Ich lege mich auf den Rücken zum Entspannen. Vor mir hängt der Petterson-Findus-Kalender, den Lena mir mal geschenkt hat. Aus dem CD-Spieler singt es *»Herrlicher Gott, liebender Retter, ich weiß genau, all meine Tage sind in deiner Hand, kunstvoll erdacht, perfekt geplant. Mit heiligem Ruf bin ich berufen. Hier bin ich, Herr, ich weiß mich gezogen nah an dein Herz, führe mich, mein Gott!«[9]* Petterson hält Findus inniglich in seinen starken Armen, blickt ihn erfreut und liebevoll an, Findus schmiegt sich vertrauensselig in die väterliche Umarmung. *»Nimm mich, forme mich, fülle und gebrauche mich, ich lege mich ganz in des Töpfers Hand.«* Siebenmal nacheinander höre ich dieses Lied an und betrachte Petterson, wie zärtlich zugewandt er sich Findus zuneigt, wie nah, wie freundlich, wie fröhlich. Mit welch ausschließlicher inniger Liebe er sich an seinem Zögling freut. Ich nehme das Bild in mir auf, wie Findus sich vertrauensvoll fallen lässt in die Geborgenheit seines Schützers und Versorgers, wie kindlich er sich freut an der engen Gemeinschaft, wie geborgen er sich weiß. *»Du rufst mich freundlich, ziehst mich zu dir hin, durch deinen Geist führst du mich, Jesus, lehre mich Herr, mein Leben zu sehn, wie du es siehst!«* In mir breitet sich tiefer Friede aus.

Ich kann es kaum fassen, wie schnell Gott auf mein spätes Gebet antwortet, wie augenblicklich er meine Hand ergreift, als ich unterzugehen drohe und mich aus dem Wasser zieht. Welch bezaubernde, kreative Wege er findet, um mich in meinem Zustand zu erreichen. Die Herausforderungen bis zur Eröffnung bleiben dieselben, aber der Friede, der alles Verstehen übersteigt, füllt mich aus und bleibt wohnen in mir. Tag für Tag erlebe ich, wie Gott Kraft und Gelingen schenkt, Bewahrung und Gnade. Das Leben gleicht einem Ameisenhaufen. Zwanzig Helfer aus dem Freundeskreis arbeiten unermüdlich und hochkonzentriert für uns mit an unserem Lebenstraum. Ich arbeite wie in Trance. Der Tag der Eröffnung wird mir unvergesslich in Erinnerung bleiben. Nachts um drei Uhr schaffe ich es endlich, mit meiner Powerpoint-Präsentation zu beginnen für die Eröffnungsfeier … Werner arbeitet mit drei Männern durch bis um sieben Uhr. Als wir die Pforte öffnen, strömen die Menschen herein und freuen sich mit uns ohne Unterlass. Wie das Mädchen im Märchen von den Sterntalern stehe ich da und genieße den Segen, den Gott schenkt. Erntedankfest …

# Zaudern und gehen – Gottes Wegführung für Angsthasen

Eins unserer fünf Hühner hat eine Möglichkeit entdeckt, seinen Horizont zu erweitern. Jeden Morgen schlüpft es durch ein Leck im System und vergnügt sich im Garten. Jenseits des begrenzenden Zaunes kann es viel besser seine Bestimmung leben. Eine Zeitlang habe ich Erbarmen und lasse es gewähren, der Schaden im Vorfrühlingsgarten bleibt überschaubar. Es marschiert im Garten hin und her. Es scharrt in lockerer Erde im leeren Blumenbeet. Es pickt erstes frisches Grün. Es durchwühlt die verbliebenen Laubhaufen. Es säuft Wasser aus dem Hundenapf. Es stöbert verschlafene Winterregenwürmer auf. Es geht der Sonne hinterher und suhlt sich in sandigen Ecken. Wenn es Sehnsucht nach Gemeinschaft verspürt, schlüpft es zurück zu seinen Schwestern, als wäre nichts geschehen. Die verfolgen hinter dem Zaun neidisch ihre mutige Genossin, folgen ihr aber nie in die Freiheit. Lieber beäugen sie das Abenteuer aus der vermeintlichen Sicherheit des Stalles. Das eine Huhn jedoch hat den Zugang gefunden ins gelobte Land. Sein Gewinn ist offensichtlich! Der Weg dorthin ebenso. Komisch, dass keine ihm folgt in die Freiheit. Das Huhn spaziert im Garten herum und zeigt mir, wofür alle Wesen dieser Erde geschaffen sind.

Von meinem Naturell her bin ich ein Angsthase mit feinen Gefahren-Antennen. Vielleicht ist irgendetwas schiefgelaufen in meiner frühen Kindheit, hat irgendetwas mich so verletzt und verunsichert, dass festgemeißelt ist: Gefahr lauert überall! Als Angsthase unterwegs zu sein ist kein leichtes Geschick, zumal es in meinem Leben (auch) viele reale Anlässe gab, die mich das Fürchten lehrten.

Aber heute, als das Freigänger-Huhn immer wieder mein Blickfeld kreuzt, erweitert sich mein Selbstbild um eine erfreuliche Sichtweise: Ja, ich bin ein ängstlicher Mensch, ich habe für mein Empfinden viel zu viel mit Ängsten zu kämpfen. Aber! Trotz meiner Angsthäsigkeit habe ich doch so manches hingekriegt in meinem langen kurzen Leben. Ich habe mir von meiner Angst nicht alles gefallen lassen. »Angst« kommt vom Wortstamm »Enge«, Angst will unser Leben eng machen. Aber mein Leben hat sich immer wieder geweitet, trotz meiner großen Ängstlichkeit. Ich durfte erleben, dass ich immer wieder Angstmauern überwinden und neues Land entdecken konnte. Das war jedes Mal Grund zum Jubeln.

Ich wandere im Geiste zurück zu Angstfeldern meines Lebens:

- Ich bin aufs Gymnasium gegangen trotz meiner Angst zu versagen.
- Ich habe meinen Traumberuf Bibliothekarin gelernt, obwohl ich dabei sehr auf mich gestellt war.
- Ich habe meine Schüchternheit überwunden und meinen Traummann erobert.
- Meine Angst vor der Sinnlosigkeit des Lebens hat mich mitten in Gottes offene Arme getrieben.
- Dreimal habe ich ein Kind geboren – ich weiß nicht, ob es auf der ganzen Welt noch einmal eine Frau gibt, die solche Angst hatte, schwanger zu werden …
- Ich habe es gewagt, mich räumlich niederzulassen. Eine Gemeinde gefunden. Aktiv an ihrem Aufbau mitgewirkt und dort viel über meine Gaben und Grenzen gelernt.

- Ich habe nahestehende Menschen beim Sterben begleitet. Dabei bin ich dem Grund meiner Angst sehr nahe gekommen.
- Ich habe Frauen auf Freizeiten begleitet. Eine christliche Buchhandlung mit gegründet. Ich habe angefangen zu schreiben!
- Zuletzt habe ich mit lieben Menschen zusammen ein neues Lebensprojekt gestartet. Obwohl dabei nicht nur ich mir im Weg stand, sondern viele ungünstige Umstände.

Ich weiß, dass das alles nicht mein eigener Verdienst ist, dass da ein großer liebender Gott um mich ist, der mich von Anbeginn an unter seine Fittiche genommen hat, ein väterlicher mütterlicher Gott, der meine Ängste kennt, mir aber hilft, nicht darin zu verharren. Auf Gott ist Verlass!

Neben meine Ängstlichkeit hat er mir manches in die Wiege gelegt, das mir Freude an der Freiheit beschert: Kreativität, Ja-Aber-Denken, Pläne schmieden, Handlungsspielräume, Schaffenskraft. Wie oft hat Gott mich in die Freiheit gerufen, wie oft bin ich vorsichtig ängstlich mutig misstrauisch vertrauensvoll durch das Leck geschlüpft und habe neues Land entdeckt. Und Gott war dabei, schenkte Kraft und Erkenntnis, fügte Netzwerke zusammen und gebrauchte mich hier und da mitten in meiner Angsthäsigkeit.

Ich glaube, Gott liebt unseren kleinen Dennoch-Mut, unsere kleinen mutigen Ausrufezeichen, unser »Ja, aber-Freigängertum«. Er gibt den zaudernden, akribisch planenden Menschen (wie mir) Ermutigung mit auf den Weg. Er weiß, was sie brauchen und gibt davon genug. Den Tollkühnen, die handeln, bevor sie denken, die einfach loslegen (wie meinem Mann), gibt er praktische Unterstützung und Schutz …

# Vater, väterlicher, Gott

Es ist Frühling, endlich Frühling, wenn auch durchzogen von vielen kleinen Tiefdruckausläufern. Das beständigste am Wetter des letzten Halbjahres waren seine Tiefdruckausläufer. Nun ist die Vegetation aber nicht mehr aufzuhalten. »Wachswetter« brummt der Mann an meiner Seite zufrieden, dann sagt er nichts mehr. Heute ist Vatertag, Vater liegt neben mir im Garten und schläft den Schlaf des Gerechten. Um mich herum schnarcht, brummt und summt es. Ich bin erschöpft von vielen hinter mir liegenden Tagewerken. Einen Artikel sollte ich schreiben, aber ich weiß nicht worüber. Keine Muße küsst mich, trotz des überschrittenen Abgabetermins. Also sitze ich da und gucke. Der Amber treibt kräftig aus. Der »kleine Zwergamber«, zu dessen Kauf mir vor zwanzig Jahren eine Gärtnerin geraten hat, um die drei Meter hohe Lücke zwischen zwei Fliedern zu schließen, ist heute zwanzig Meter hoch, die Flieder hat er längst überlebt. Manch Kleingeglaubtes birgt Großes in sich … Mir fällt unser anderthalbjähriger Sohn ein, über den eine Therapeutin sagte, dass er wohl nie laufen lernen würde. Heute kann er besser laufen als manche Therapeutin gehaltvolle Voraussagen treffen. Bei der Untersuchung zur Einschulung weissagte der zuständige Berater, dass Jan weder lesen noch schreiben lernen könne. Heute steht er vor der Abschlussprüfung zum Gärtnergehilfen und lernt botanische Namen auswendig, die ich mir nicht merken kann. Ohne unseren Rat zu fragen hat Jan sich zum Führerschein angemeldet. Fast wäre ich geneigt, zu prognostizieren, dass das seine Möglichkeiten überschreitet, aber das Leben hat mich eines Besseren belehrt.

Hoch über mir kreisen zwei Störche, ein typisches Frühlingsszenario über unserem Dorf. Sehnsüchtig beneide ich sie um ihren Ausblick. Wenn sie über die Felder »storcheln«, wirken sie weniger elegant. Wer sie so kennenlernen würde, würde ihnen nie so eine Schwerelosigkeit zutrauen.

Mir kommt ein Lied von Frieder Gutscher in den Sinn:

*»Breite deine Schwingen aus, fliege in die Weite hinaus in den offenen hellen Raum, tief verwurzelt wie ein Baum. Entdecke deine eigne Weise, geh auf deiner Lebensreise weiter immerzu. Werde Du.«*[10] Das ist unsere Lebensaufgabe, zu dem Menschen zu werden, der in uns steckt. Unsere Lebensmöglichkeiten aus uns herauszuleben, den Raum einzunehmen, den Gott uns zugedacht hat. Uns zu entfalten, zu fliegen.«

Der Vater neben mir hat seinem Sohn von Anfang an viel zugetraut ohne ihm etwas abzuverlangen. Aussagen von Therapeuten haben ihn wenig interessiert. Das war ein guter Nährboden für unseren Sohn mit seinen besonderen Bedürfnissen und Begrenzungen. Jan hat seine Sache gut gemacht, und ein Vorteil vom Älterwerden ist, dass man auf größere Zeiträume zurückblicken kann und dadurch Gelassenheit lernt.

Im Himmel ist jeder Tag Vatertag. Unser himmlischer Papa blickt immer voller Freude und Hoffnung, Zuversicht und Liebe, Güte und Vertrauen, Sehnsucht und Barmherzigkeit auf uns. Wie die beiden Störche, die über mir schweben, hat Gott mich und meine Familie im Blick. Er kennt unsere Grenzen, er sieht unsere Stolpersteine, aber er weiß um unsere Möglichkeiten, die er als Keim in uns hineingelegt hat. Er freut sich mit uns, wenn wir Bedenken und Prognosen hinter uns lassen, über uns hinauswachsen und zu den Menschen werden, die er in uns sieht.

> *Könnte ja sein, dass noch nicht alle Hoffnungen ausgeträumt sind,*
> *und der Frühling doch wieder das brachliegende Land durchbricht;*
> *könnte ja sein, dass die Zukunft doch noch dann und wann*
> *eine Überraschung für dich bereithält*
> *und das Leben nach der langen Nacht dich dir selbst verwandelt*
> *zurückgibt*
> *könnte ja sein ...* [11]
>
> Christa Spilling-Nöker

# Perspektivenwechsel

Der Frühling zeigt sich dieses Jahr von seiner schlechtesten Seite. Wetterunabhängigkeit war noch nie meine Stärke und ich trauere um all die vogelumzwitscherte Blauhimmelbienensummschmetterlingszeit mit Hängematte, Radtouren und Picknick. Nach vielen nasskalten, arbeitsreichen und übervollen Wochen (volle Verantwortung, volle To-do-Listen, volle lange Bank) habe ich heute einen halben freien Tag. Obwohl ich ihn so dringend nötig habe, kann ich ihn nicht genießen. Ich leide unter grundlos schlechter Laune. Vermutlich bin ich reif für die Insel, aber die ist unerreichbar. Was ich habe, ist dieser verregnete halbe freie Tag. Ich gehe mit dem Hund in den Wald in der Hoffnung, an der frischen Luft aufzutanken, aber finstere Gedanken und eine unerklärliche Traurigkeit umgeben mich. Es gelingt es mir nicht, mir den Kopf frei zu laufen. Das Alleinsein tut mir nicht gut. Meine Seele ist eindeutig nicht im Gleichgewicht mit meinem Körper und ich überlege, wie ich eine gelungenere Work-Life-Balance hinkriegen könnte.

Erst beim Friseur bessert sich mein Gemüt. Bei all den Veränderungen in meinem derzeitigen Leben liebe ich alles, was Beständigkeit in meinen Alltag bringt. Seit achtzehn Jahren ist der Besuch bei Gioaccimo eine Oase in meinem Leben. Heute bekomme ich vom Meister persönlich eine Kopfmassage, es gibt wenig Entspannenderes. Um mich herum Gelächter, eines der schönsten Geräusche der Welt, und ansteckend noch dazu. Es ist nicht gut, dass der Mensch allein ist …

Daheim finde ich einen Rest leckeres Mittagessen vom Vortag und lese in der Zeitschrift Joyce einen Artikel über eine Farmerin in Afrika. Allmorgendlich macht sie einen Klagemarsch auf einen Hügel hinter ihrem Hof, mitten durch ausgedorrtes Land. Sie sieht all das Darben und Dürsten ringsumher, das Versiegen, Verdorren und Verenden und schüttet Gott ihr Herz aus über all die Entbehrungen und das Elend um sie herum. Auf dem Hügel angekommen ist sie dann soweit, Gott danken zu können für das Gute in ihrem Leben – das Gelingen in ihrem Familienleben, die beständige Ehe, der treue Freundeskreis, die kleine Gemeinde. Beim Lesen merke ich, wie sich etwas in meinem Kopf zurechtrückt. Habe ich eben noch geklagt über das miese Wetter in diesem Frühling, das mich meiner heiß ersehnten Frühlingsfreude beraubt, den geliebten Outdoorstunden im Liegestuhl inmitten von blühenden Frühjahrsblumen, bin ich plötzlich dankbar für all das satte Grün um mich herum, das mir helfen wird, mein Grundbedürfnis zu stillen: Essen.

Zwei Monate später. Es ist einer dieser schönsten Sommertage: 28 Grad, Wind, Sonne. Ich stehe im Sellawie, unserem Laden-Café, dem Ort, an den Gott mich gestellt hat, den ich mit Mann, Familie und Freunden aufgebaut habe. Ich stehe am Ort meiner Träume und arbeite. Es ist dunkel hinter den dicken Scheunenmauern, es ist Routinearbeit. Ich packe eine Palette Ware aus Dänemark aus. Mein Rücken brennt. Ich stehe hier seit Stunden. Hinter der Mauer ist unser Hof, auf den ich durch ein kleines Fenster hinauslugen kann. Es ist wie eine andere Welt. Sonnendurchflutete Plätze, weinrote Ampelschirme wehen sanft im Wind. An den marokkanischen Mosaiktischen trinken Menschen Eiskaffee, schmausen selbst gebackenen Kuchen und plaudern. Ein befreundetes Ehepaar ist mit den Rädern gekommen. Sie sehen gut aus, sportlich, braun gebrannt, in modernen Radlerklamotten. Sie haben eine schöne Tour hinter sich, waren spontan nackt baden in einer lauschigen Bucht eines Badesees und lassen nun entspannt den Tag bei uns ausklingen.

Sie machen es richtig, denke ich plötzlich. Sie haben Muße, tun etwas für ihre Gesundheit und gute Laune. Ich frage mich, ob gerade etwas falsch läuft in meinem Leben. Wie gerne würde ich jetzt mit dem Fahrrad durch Wälder und Wiesen streifen und baden gehen. Sonne und Wind auf der Haut spüren. Aber anstatt mit meinem Mann die Freiräume, die die entschwindenden Kinder hinterlassen, mit angenehmer Freizeitgestaltung zu füllen, stürzen wir uns noch einmal in ein Lebensprojekt, dessen Ausmaße wir kaum absehen können.

Ich setze mich kurz raus zu meinen Freunden und lasse sie teilhaben an meinen Gedanken. Meine Freundin sieht mich fassungslos an: »Gerade habe ich zu meinem Mann gesagt: »Bleiers machen es richtig. Sie verwirklichen ihren Lebenstraum!« …

Perspektivenwechsel …

# Warum ich gerne auf dem Dorf lebe

Dass ich gerne auf dem Dorf lebe (warum heißt es eigentlich auf dem Dorf und in der Stadt?), ist mir erst bewusst geworden, als ich vor zwei Jahren mit einer Freundin unser Laden-Café Sellawie gründete und sie nach dreißig Jahren Stadtleben in unser Achttausend-Seelen-Dorf zog. Sie war ständig verblüfft. Darüber, dass unser alter Schuster sie nach einem einzigen Besuch auf der Straße grüßte und dabei den Hut vor ihr zog. Dass die Verkäuferinnen im Supermarkt sie nach wenigen Besuchen erkannten und grüßten. »Hier sind selbst die Verkäuferinnen netter als in der Stadt!« Darüber, dass alles so grün war, so blühend. Dass überallhin so kurze Abstände waren und alles mit dem Fahrrad erreichbar.

Da begann ich zu merken, dass ich total gerne auf dem Dorf wohne. Die Vertrautheit und Überschaubarkeit des Dorflebens ist für mich die Grundlage, auf der ich gedeihen kann. Es ist die Umgebung, die ich brauche, um mich zu Hause zu fühlen. Hier erlebe ich Zugehörigkeit und Geborgenheit. Das Dorfleben ist für mich ein Gegenpol zur Umtriebigkeit der Welt, die sich darum herum erstreckt.

Als ich ein Kind war, war die Bäckerei um die Ecke der Tante-Emma-Laden des Dorfes. Neben Kuchen und meinen geliebten Brezeln für den Kindergarten durfte ich dort Muttis Haarfarbe (kupfergold), Hochzeitsnudeln (inklusive Puppenküchenutensilien aus Plastik) und süße Meringen kaufen. Die Tochter der Bäckerin führt die Bäckerei heute in der vierten Generation.

Unser Schuster ist derselbe seit meiner Geburt. Durch seinen Hinweis sind wir auf das Gebäude gestoßen, in dem unser Laden-Café entstanden ist. Von der gegenüberliegenden Straßenseite hat er uns beim Umbau zugesehen und angefeuert: »Maidl, ich freu mich wie ein Schneekönig über das, was ihr da treibt!« Manchmal wirft er sich in Schale und holt Flammkuchen für sich und seine Frau, die nicht mehr so rauskommt. Dann setzt er sich eine Weile ins Café, trinkt ein Glas Wein und beobachtet erstaunt das Treiben. Er nennt mich beim Vornamen, ich sieze ihn, wie immer. Es kommen auch alte Frauen in unseren Laden, um ein Gesangbuch für den Kirchenbesuch zu kaufen und sich darüber zu wundern, dass hier Leute am helllichten Tag frühstücken gehen: »Haben die nichts zu arbeiten??« Wie freuen wir uns, wenn wir sie dann eines Tages todesmutig einen Kaffee bei uns trinken sehen!

Mein Hausarzt, der unsere Familie seit einem Vierteljahrhundert begleitet, duzt mich, wenn es mir schlecht geht. Wenn er mich siezt, weiß ich, dass es aufwärts geht.

Meine Mutter stirbt überraschend über Nacht. Die Bestattungsunternehmerin ist ihre frühere Klassenkameradin. Sie erzählt mir anrührende Kindheitsgeschichten darüber, wie sie und Mutti zwischen den Feldarbeiten miteinander gespielt und geträumt haben. Sie verschafft mir Zugang zu ihrem Sarg, obwohl mein Vater das verbietet. »Du musst dich von ihr verabschieden, sonst findest du keinen Frieden!« Nach Muttis Tod verstärkt sich mein Dorfpatriotismus noch.

Sellawie? Ja, aber nur in Forst, für Forst und mit Forst. Ich weiß, wo der ergiebigste Holunder blüht für unseren Holunderblütensirup, wo ich den besten Spargel finde für unseren Frühlingsflammkuchen, wann ich die aromatischsten Erdbeeren holen kann für unsere Marmelade. Woher wir unsere Brötchen beziehen würden, war keine Frage und meine geliebte geräucherte Lyonerwurst schmeckt seit Jahrzehnten gleich, weil das Rezept von einer Generation zur nächsten überliefert wird. Das nenne ich Nachhaltigkeit!

Die Geschichte meines Wohnortes, sein Name, sein Gewordensein haben mich schon als Kind interessiert. Fasziniert las ich in unserem dicken Heimatbuch von Vorfahren, die vor Jahrhunderten für die ersten Ansiedlungen ein Stück Wald rodeten, verfolgte die Namensverwandtschaften, die Auf- und Abbewegungen während der vielen Kriege. Dazu gehört auch der spezifische Dialekt, um Nuancen verändert zu der Mundart des Nachbardorfes. Wenn ein Gast anruft und für »Dunnaschdich fuffzeh Uhr« einen Platz reserviert, weiß ich, dass am Donnerstag ein Einheimischer kommen wird.

Ich habe meinen Heimatort über eine Epoche von fünfzig Jahren wachsen sehen. Ich mag die Gelassenheit des Dorflebens. Nicht umsonst heißt es, dass man die Kirche im Dorf lassen soll. Diese Redewendung, die dazu rät, nichts zu übertreiben, weist auf die zentrale Stellung der Kirche hin. Ich spielte immer gern auf dem Kirchplatz, einer Insel inmitten des Dorfgeschehens gegenüber des lebhaften Marktplatzes. Manchmal zog es mich ins Innere unserer schönen romanischen Kirche. Dann saß ich still da und die ganze schöne große Kirche gehörte mir ganz allein. Ich lauschte der Stille, sah den Staubpartikeln beim Tanzen vor den bunt bemalten Glasfenstern zu. Ich betete. Vier Generationen Frauen aus meiner Familie haben hier geheiratet.

Die Kirche war für mich meine ganze Kindheit hindurch zentral – sowohl was ihre Lage als auch ihre Bedeutung ausmachte. Ich sah sie übergroß von unserem Garten aus. Ich hörte sie jede wache Viertelstunde. Ihr Glockenklang war mir so vertraut wie Hahnenschreie. Wenn in der Karwoche »die Glocken nach Rom flogen« und Stille einkehrte, war diese so präsent wie das vertraute Glockengeläut. Dafür sangen zwei Nächte lang Männer des Gesangsvereins wunderschön mehrstimmig das Lied »Ave Maria« an jeder Straßenkreuzung. Noch heute rührt mich der Moment zu Tränen, wenn am Ostersonntag die Kirchen aus Rom zurückkommen und plötzlich monumental losläuten!

Oma, die bei uns wohnte, war eine tiefgläubige Katholikin. Beim Angelusläuten um elf Uhr betete sie den »Engel des Herrn«. Um zwölf Uhr wurde das Ave Maria gebetet. Mai und Oktober waren Rosenkranzmonate, ich begleitete Oma in die abendlichen Andachten und wurde eingehüllt in die meditativen Gebete der Alten. Taufe, Kommunion, Firmung, Trauung waren zentrale Stationen, die ihren Platz im immerselben ehrwürdigen Gebäude hatten. Zur Fronleichnamsprozession plünderten wir die Pfingstrosen unseres Gartens, damit ich die Blüten auf den kunstvoll arrangierten Blumenteppich ausstreuen konnte. Als ich mit neunzehn aufhörte an Gott zu glauben, verlor ich nicht nur die Zugehörigkeit zu meinem Schöpfer und Erhalter, sondern auch den Schoß von Mutter Kirche, ein einschneidender Verlust. Als ich drei Jahre später zu Gott zurückfand, blieb mir trotz ernsthaften Bemühens der Zugang zur katholischen Kirche fremd. Heute bin ich in einer evangelischen Freikirche in der Nachbarstadt beheimatet und habe es schon oft bedauert, dass meine Kirche nicht mehr im Dorf ist.

Überhaupt fühle ich mich mit meinen Vorfahren verbunden wie durch ein unsichtbares Seil. Als ich meinen fünfzigsten Geburtstag auf dem Freizeithof im Schwarzwald feierte, wo meine Oma jahrzehntelang ehrenamtlich als Köchin tätig war, verstand ich plötzlich, dass meine Lust auf Gastfreundschaft eine tiefe Verbindung zu der Frau hat, die meine Kindheit so prägte. Ich empfinde, dass meine Dorfidentität mit unserem Sellawie-Gasthaus noch einmal vollständiger geworden ist. Wenn Schulkameraden den Weg hierher finden, meine Lehrerin oder ein Lehrer meiner Kinder, habe ich das Gefühl: Der Kreis schließt sich. Diese Kontinuität ist wie ein großer Rahmen um mein Leben.

Wenn ich als Kind durchs Dorf spazierte, wurde ich oft von irgendwelchen Alten gefragt: »Wem gehörst denn du?« Diese Frage reizte mich zu antworten: »Niemand! Ich gehöre mir selbst!«, aber das hätte ich nie zu sagen gewagt. Brav nannte ich den Namen meiner Eltern, aber das nutzte nichts. Die Erleuchtung kam erst, wenn ich den Namen des Schwiegervaters meiner Oma nannte. Die richtige Antwort lautete: »Kajetans Anna«. Die Altvorderen meiner Linie waren noch jedermann bekannt, Urgesteine, die nebeneinander das Leben gestalteten und bewältigten. Ich vermute, dass die Akzeptanz von Sellawie vor Ort, die mich überrascht und beschenkt, auch ein Stück weit auf diese alten Linien zurückzuführen ist. Mein Großvater war der Dorffriseur, meine Mutter spielte im Dorftheater, meine Tante ist ins Kloster nach Afrika gegangen, meine Oma kochte für viele Familienfeste. Alle waren sie bekannt wie bunte Hunde. Inzwischen habe ich über die Jahre selbst einen Bekanntheitsgrad im Dorf gewonnen. Ich bin die, die schreibt. Durch die räumliche Beständigkeit hat man Zeit, die einzelnen Originale mit den Jahren kennenzulernen: den Schuster, den Direktor, die Physiotherapeutin, die Apothekerin, die Bestattungsunternehmerin …

Ich mag die unmittelbare Nähe zur Natur! Um die Ecke bin ich mit dem Hund im Wald, am See, auf Wiesen und Auen. Alles kann ich per pedes erreichen. Ich mag die Überschaubarkeit der Entfernungen. Am Feierabend kann ich mit dem Fahrrad das Dorf umrunden. Immer sehe ich mittendrin den vertrauten Kirchturm aufragen. Ich freue mich, dass sich auf den Wiesen wieder Störche ansiedeln, sie nisten auf dem Kirchdach wie zu meiner Kindheit. Ich radle zum Grab meiner Mutter, zu unserem Freizeitgrundstück, dem Acker, den wir von Oma geerbt haben. Seit zwei Jahrzehnten gestalten wir dieses Stück Land nach unseren Vorstellungen und erleben, wie aus Schösslingen hohe Bäume wachsen, sich Fledermäuse und Raubvögel ansiedeln, Nachtigallen und Eidechsen. Wir ernten, was wie säen. Ein Lebensprinzip, das auch unsere Kinder hautnah miterlebt haben. Wie oft sitzen wir abends am Lagerfeuer und genießen den Sonnenuntergang. Für mich ist der Acker ein Stück heile Welt, Heimat.

Wenn ich an Jesu Wort denke, dass er vorausgeht, um für uns Wohnungen zu bereiten, habe ich ein ländliches Bild vor Augen, ein Haus am See, umgeben von Wiesen und Wald.

Für Werner und mich war früh klar, dass wir auf dem Dorf leben wollten. Neulich fiel mir aus einem alten Liebesbrief, den er mir aus der Bundeswehrkaserne geschickt hatte, eine Zeichnung entgegen, auf der er seine Vision für unser Leben skizziert hatte: ein Häuschen mit Garten, Wiege unterm Apfelbaum, Holzzaun, Hund, Katze, Kinder, die Drachen steigen lassen. So wurde es. Mit der Zeit kristallisierte sich unser Lebensplan immer klarer heraus: Wir wollten auf einem Dorf mit guter Infrastruktur und noch erreichbarer Stadtnähe leben, zugunsten der Kinder verzichteten wir auf unseren

Traum vom Leben im Hinterland. Schön war es dann zu erleben, wie diese Infrastruktur sich entwickelt hat. Die Zeit blieb auch auf dem Dorf nicht stehen. Heute gibt es Supermärkte, öffentliche Verkehrsmittel, eine gut ausgestattete Bibliothek, schöne Spielplätze und gute ärztliche Versorgung.

Als junge Frau fühlte ich mich nicht so dorfverbunden. Ich wollte in die große weite Welt, träumte vom Auswandern nach Amerika, oder wenigstens nach Frankreich.

Es wurden zwei Jahre Stuttgart daraus, darauf folgten vier Jahre in der nahe gelegenen Kleinstadt. In dieser Zeit suchten wir ein Häuschen in ländlicher Umgebung, ausgenommen in meinem Heimatdorf, das war mir zu vertraut und elternnah. Wir fanden nichts Passendes, aber das elterliche Netzwerk fand über Beziehungen unser heutiges Wohnhaus, gerade um die Ecke meines Elternhauses. Und so kam es, dass ich eines Tages beim Bäcker meine Kindergartenkameraden traf und das gar nicht so schlimm fand.

Als die Kinder klein waren, profitierten wir mehr von der elterlichen Nähe, als ich mir je hätte vorstellen können. Heute profitiert mein Vater von der Nähe zu uns.

Nach und nach habe ich die bekannten und gewachsenen Strukturen zu schätzen gelernt und selbst begonnen, mein Dorf mitzugestalten und mitzuprägen.

Manchmal denke ich: Weit gebracht habe ich es nicht. Ich wohne dreihundert Meter von meinem Elternhaus entfernt. Ich arbeite dreihundert Meter von meinem Wohnhaus entfernt. Die wichtigsten Stationen meines Lebens befinden sich auf einem Dreieck mit einer Schenkellänge von dreihundert Metern. Die Weite, nach der ich mich gesehnt habe, habe ich im Herzen und im Geist gefunden.

# Lavendeltrost

Seltsamer Traum. Ich stehe in einem langen Korridor eines veralteten Amtsgebäudes. Auf Stühlen an der Wand entlang sitzen Menschen und blicken mich an. Ich bin diejenige, die die Verantwortung hat. Gleich soll ich eine Lesung halten. Ich fühle mich unvorbereitet. In der Hand halte ich ein Manuskript. Als ich reinschaue, stelle ich fest, dass es Connys Unterlagen sind. Ich soll wohl an ihrer Stelle ihre Lesung halten. Ich fühle mich nun nicht nur schlecht vorbereitet, sondern überfordert. Außerdem muss ich dringend auf die Toilette. Alle warten, dass ich loslege. Ich starte einen mühsamen Versuch mit einem Text aus der ersten Seite, merke aber gleich, dass ich ihn überhaupt nicht verstehe, mir der Hintergrund fehlt, ich keine Überleitung dazu erzählen kann und überhaupt, dass ich gar nicht in der Lage bin, die ganze Lesung zu stemmen. Ich murmle etwas von »muss geschwind die Kollegin holen« und entferne mich, Conny suchen. Das soll sie selbst machen, das werde ich nicht übernehmen, das ist nicht mein Part! Ich will das nicht tun müssen. Ich finde sie in der Sonne. Sie sitzt in einer verträumten Ecke eines mediterranen Gartens inmitten von blühendem Lavendel und genießt den Augenblick. Ein Ausdruck von Muße schlechthin. In dem Moment wird mir bewusst, dass ich diejenige bin, die diese Ruhe jetzt braucht, die innehalten und den Duft von Lavendel riechen möchte, ohne bereits die nächste Aufgabe zu übernehmen. Ich erwache.

Am Samstag hatten wir um unser Laden-Café »Sellawie« herum einen großen Frauenflohmarkt, den wir von langer

Hand und in den letzten zwei Wochen mit voller Konzentration vorbereitet hatten. Es lief alles gut. Gott schenkte Wider-Erwarten-Reine-Freude-Wetter, das uns viel Publikum brachte und vor Matsch verschonte. Livemusik verbreitete entspannte Marktatmosphäre und in der Wellnesszone kamen viele Frauen zur Ruhe. Der arbeitsaufwändige Markttag war das Ende einer Kette arbeitsaufwändiger Ereignisse.

Am Mittwoch ist im Café eine kleine Lesung mit mir anberaumt. Lieber organisiere ich große Märkte als dass ich eine Lesung halte. Auftritte sind einfach nicht mein Ding geworden. Es gibt nur wenig Anmeldungen. Ich habe mich noch nicht ordentlich vorbereitet. Ich schwanke zwischen meiner preußischen Prägung »Durchziehen« und meiner Sehnsucht »Absagen«.

Am Sonntag falle ich zusammen. »Aids« nennt das mein Seelsorger, *After Iron Man Depressive Syndrom*. Depressive Verstimmung nach langer Anstrengung auf ein großes Ziel zu. Im Gottesdienst löst sich die Anspannung. Gleichzeitig erwache ich aus der Schockstarre und mich überkommt große Traurigkeit über die jüngst diagnostizierte schwerwiegende Krebserkrankung einer Freundin. Viele Tränen fließen bei der Anbetungsmusik. Als die Sängerin ein Lied singt mit der Liedzeile: »Wenn Freunde von uns gehen« ringe ich um Fassung. Eigentlich reicht es mir, Freunde gehen zu sehen. Zu viele sind schon aufgrund der Diagnose Krebs gegangen. Mir ist bewusst, dass das wohl nun so bleiben wird, bis ich eines Tages diejenige bin, die geht. Leben kann so schwer sein.

Heute ist Montag, mein freier Tag. Ich nehme den Hund und ziehe los. Auf den Feldern stehen hier und da letzte Sonnenblumen, ansonsten hat die Vegetation wenig mit meinem mediterranen Traum zu tun. Der raue Wind kündet den vor der Tür stehenden Herbst an. Viele Seufzer, viel Schweigen unter Gottes Himmel meinerseits, still zu ihm aufwärtsgerichtet. Dann die Idee, mal wieder zum Grab meiner Mutter zu gehen. Der Gedanke kommt mir immer mal, wenn ich trostbedürftig bin. Ich bin neugierig, wie mein wilder Vater es derzeit bepflanzt hat. Wie immer freue ich mich, dass er eine Sonnenblume in den Grabstein meißeln ließ. Als ich ankomme, liegt inmitten vieler schon herbstlich bepflanzter Gräber Muttis Grab – ein einziges Lavendelfeld! Um diese Jahreszeit! Punktgenau in dem Moment lichtet sich das Wolkenband und die Sonne taucht alles in warmes Licht.

Tränen, Lächeln. Ich gehe auf die Knie, rieche den zarten Lavendelduft, lasse den Sonnenwind über mich streichen, pflücke zwei Zweige für meine Kommode daheim, vernehme Gottes Stimme: *»Ich selbst werde euch trösten, wie eine Mutter ihr Kind tröstet« (Jesaja 66,13a).* Ich bin ganz bei Trost.

Tröster ist einer der Namen für den heiligen Geist. Als Kind gab es keinen besseren Platz auf der Welt, wenn ich mich am Leben verletzt hatte. Stumm rannte ich los, bis ich mich in den Schoß meiner Mutter werfen konnte und losweinen. Dort gab es jede Menge Trost, von dort konnte ich wieder getrost losleben. Meine Mutter hauchte mich an und der Schmerz verflog. »Hauch« ist eine gute Übersetzung für das hebräische »Ruach«, das wir mit »Heiliger Geist« übersetzen. »Erbarmen«, eines meiner Lieblingsworte, ist im Aramäischen gleichbedeutend mit »Mutterschoß«.

Als ich Mutter wurde, erlebte ich es als erfüllend, mein verzweifelt weinendes Baby trösten zu können. Inzwischen bin ich Großmutter, eine große Mutter. Ich kann mein weinendes Enkelkind eine Zeit lang hinhalten, aber nur seine Mutter kann ihm Trost spenden, der anhält. Sobald ich es in ihre Arme gebe, legt sich sein Kummer. Es gibt kaum ein stärkeres Bild für Frieden und Geborgenheit wie ein frisch gestilltes Kind.

Mütterlicher Trost ist eine Urerfahrung. Das Leben verwundet uns, aber wir können getrost weiterleben. In der Bibel finde ich zuhauf Trostworte. Gott sagt in einem fort zu mir: »Ist schon gut, ich bin ja da. Alles wird gut. Fürchte dich nicht. Ich stärke dich, ich helfe dir durch.« Ich bin äußerst dankbar für Gottes mütterliche Seite.

Als meine Mutter starb und ich fortan auf ihre Liebe und Mitfreude, ihr Mitgefühl und Verständnis, ihren Trost und ihre tiefe Verbundenheit verzichten musste, hat mich dieser Vers am meisten getröstet: *»Ich selbst werde euch trösten, wie eine Mutter ihr Kind tröstet«*. Ich habe dieses biblische Wort genau zur richtigen Zeit kennengelernt.

Trost brauchen wir im Alltag, in der Allnacht reichlich. Das Leben hält jede Menge Widrigkeiten, Stolpersteine, Enttäuschungen und Bedrohungen bereit. Immer wieder läuft es nicht so, wie wir es uns erhofft haben. Aber es läuft gut genug an der Seite eines liebevollen Gottes, der uns trösten will wie eine Mutter. Gottes Trost wird diese Welt nicht mehr verlassen.

# Ja, ich will!

## Tagebuchnotizen:

»Heute ist unser 29. Hochzeitstag, was außer mir keinem aufgefallen ist. Wir hatten eher mal wieder einen unserer leicht schmerzhaften Bitterstreittage, die anzeigen, wie empfindlich wir gerade sind. Es ist gerade viel, mit der Ungewissheit um Jans Zukunft, der Hinfälligkeit meiner Schwiegermutter, der Verantwortung für meinen Vater, mit der Hochzeit unserer Tochter und den damit verbundenen Emotionen und Erledigungen. Aber war es jemals weniger als viel? Ich gehe auf Zeitreise, erstelle eine Powerpoint über das Leben unseres groß gewordenen Kindes und wandere durch die Jahre, verweile fasziniert bei einzelnen Bildern. So viel Schlichtes, aber auch so viel Geborgenheit und Liebe, so viel Alltagsglück, es tut mir gut und weh. Die Summe meines Lebens ist beglückend positiv.«

»Wir radeln den Dünenweg zu der kleinen Strandkneipe. Vollkommenes Wetter, Frühling und Sommer in einem. Unendliche Weite. Faszinierendes Licht. Sorglosigkeit, Zeitlosigkeit. Ich kann mir nicht vorstellen, was im Himmel schöner werden könnte. Möwen trudeln virtuos zwischen Himmel und Meer. Über uns geht der Mond als silberne Sichel auf. Ich freue mich auf frische Muscheln mit Knoblauchsoße. In unserer Partnerschaft ist alles aufgeräumt und heiter. Wir lachen viel miteinander, wie zu Beginn unserer Liebe. Ich finde Werner wieder warm, zugewandt, loyal, fühle mich von ihm unterstützt und geliebt und *möchte den Moment am liebsten in Marmor meißeln. Inbegriff von Glück.«*

Ich liebe unser altes Versprechen »bis dass der Tod uns scheidet«. Es verbindet die Pole unseres Zusammenlebens, es trägt und gibt uns Sicherheit. So viele Veränderungen in und um uns herum, aber unser Ja zueinander bleibt. Kaum ein Tag vergeht, an dem sich nicht einer von uns vergewissert, ob sie noch gilt, die Sache mit den guten und den schlechten Zeiten. Wir sprechen uns unsere Liebe zu, immer wieder, immer noch wartet der andere gespannt auf die Antwort, wenn er fragt: Liebst du mich noch?

> *»Ein Ehegelübde ist deshalb ein so bewegender, wunderbarer, beängstigender Satz, weil wir es hier mit einem lebenslangen Versprechen zu tun haben. (…) Es geht hier um einen Bund. Ein leises Echo von Gottes Gelübde seiner nie endenden Liebe zu uns.«* [12]

Mit fünfzehn habe ich Werner zum ersten Mal gesehen. Der Moment pflanzte sich in mein Herz ein. Er trug Jeans und Karohemd und sein Lächeln war umwerfend. Sportlich sah er aus, er wirkte freundlich und klar, er war vollkommen. Der Moment ging vorüber, kennen lernte ich ihn ein Jahr später auf einer Party. »Wenn ich dich danach nicht angerufen hätte, würdest du heute noch darauf warten, dass ich in dein Leben trete!« »Ja, das stimmt«, sagt er grinsend. »Schön, dass du so initiativ warst«. Dreimal fuhr ich zur Telefonzelle am Ortsrand, die Hand voller Zehnpfennigstücke, im Kopf die auswendig gelernte Rede, mit der ich ihn belanglos fragen wollte, ob wir uns treffen. Das Herz nah am Zerspringen. Was, wenn er Nein sagen würde? Beim dritten Mal ging er ran, und ich hatte die Rede vergessen. »Danach hast du die Fäden in die Hand genommen. Ich musste nie mehr dafür sorgen, dass wir zusammenkommen, du hast dir immer etwas einfallen lassen, bis heute.« Er sieht mich an: »Ich habe nie aufgehört, dich zu lieben, ich liebe dich heute immer noch so wie damals.« Mir schießen die Tränen in die Augen. Nach all den Jahren …

Erklärte Liebe: Erst das behutsame Geständnis: »Ich hab dich lieb!« – Schmetterlinge pur. Dann das erste mutige »Ich liebe dich!«. Fassungsloses Glück. Die Liebe wuchs in die Tiefe und die Liebeserklärung, die mich am stärksten anrührte, war der Satz: »Ich will mit dir zusammen alt werden.« Und nun geschieht es. Die Krönung ist heute noch ein überraschendes »Ich bin so verliebt in dich!«

Wir sind beieinander geblieben. Unser Versprechen hat uns über Wüstenstrecken und durch gefährliche Dunkeltäler gebracht. Gott unser Schutz und Schirm inbegriffen. Dazwischen viel geteiltes Glück, viel erlebtes Leben, großes Lernen, kontinuierliche Beziehungsarbeit. Wir sind ein Fleisch geworden, profitieren von den Gaben, dem Charakter des anderen, lernen immer noch neue Seiten aneinander kennen. Mit jeder neuen Lebensphase wandelt sich auch unsere Ehe. Aber der Grund bleibt derselbe.

Langzeitehe – wie reich ist die Ernte über die Jahre, wenn zwei ihr Potenzial in eine Saatschale legen. Und dann gibt es ein weiteres Potenzial: Jesus steigt mit ins Boot. Die Erfahrung, dass das stimmt, gehört zu den Schätzen meines Lebens. Wir müssen nicht allein durch die Stürme rudern. Manchmal geschieht es, dass Jesus uns in den Sturm vorausschickt. Aber er weiß um uns, er sieht uns mitten in unseren Nächten, in unseren Kämpfen in den Stürmen des Lebens. Er wird kommen, er wird uns auf dem Wasser entgegengehen. Wir mögen ihn nicht immer gleich erkennen, aber sobald er in unser Boot steigt, wird sich der Sturm legen. Und er wird in unser Boot steigen!

Für Gott ist die Ehe etwas so Großes, dass er sie zum Abbild seiner Liebe zu uns Menschen gemacht hat: *»Ich will dich für immer zu meiner Frau machen. Ich will dich rechtskräftig zu meiner Ehefrau machen und will dir meine unwandelbare Liebe und mein Erbarmen beweisen. Ich werde dir für immer treu sein und du wirst lernen, mich vollkommen als deinen Herrn anzuerkennen«* (Hosea 2,21-22). Wie initiativ war Gott, als er um meine Liebe warb. Wie umwerfend war es für mich, als ich seine Liebe erkannte. Bis heute verblüfft mich sein freundliches und klares Wesen. Auch wenn die Stürme des Lebens an mir zerren, seine Liebe bleibt unwandelbar dieselbe. Ob ich das spüre oder es mir verborgen bleibt, ich baue darauf. Ich verlasse mich auf Gottes Ja zu mir, auf sein großes Versprechen, ich hoffe auf seinen Beistand, ich traue seiner Treue, in guten wie in schlechten Zeiten. Ich berge mich in Gottes großem »Ja, ich will!«

# Die Kraft der Worte

Ich bin ein Wortmensch. Worte springen mich an, sprechen mich an, erfreuen und beängstigen mich. Sie rühren mich an wie der Donner, sie gehen mir durch Mark und Bein, sie erzeugen Gänsehaut und schreiben sich mir ins Herz. Worte haben große Wirkung in meinem Leben.

Ich staune über Wortgewalt. In der ersten Klasse entdeckte ich entzückt das Entziffern aneinandergereihter Buchstaben – Welten taten sich seitdem für mich auf. Als frisch geborene Großmutter erlebe ich erneut verzückt, wie ein Kind beginnt, gesprochene Worte aneinanderzureihen und sich über die Wirkung freut.

Ich bade in guter Literatur. Ich bin erleichtert, wenn ein Autor Worte für das bisher Unaussprechliche in mir findet. Gern frische ich vor einem Urlaub alte Sprachkenntnisse auf – fasziniert über Vielfalt, Unterschiede und Ähnlichkeiten verschiedener Kulturen. Aber ebenso freut mich die Buntheit der deutschsprachigen Mundarten, denen ich täglich in unserem Café begegne.

Dort dürfen wir hier und da gute Worte weitergeben – in unserer Morgenandacht (altmodisches Wort) im Team, in einem kleinen Input (eingedeutschtes Wort für dasselbe, klingt niedrigschwelliger) für unsere Gäste, in Büchern, auf Karten, am schönsten: in Gesprächen. Einem Mitmenschen (schönes Wort) ein tröstliches, verständnisvolles, hilfreiches, eben ein gutes Wort weitergeben zu können, ist ein Geschenk für beide.

Alles gut und schön soweit. Aber in der Seelsorge kam mein negativer Bewortungsautomatismus ans Licht:

Ich bin auch ein Angstmensch. Mein persönlicher Stachel ist meine Angst vor Krankheit, die meine Lebensqualität nachhaltig verschlechtert. Ich habe Angst vor Schmerzen, Immobilität, Siechtum. Hochsensibel wie ich bin, bewortet mein Gehirn jedes wahrgenommene Zipperlein in Bruchteilen einer Sekunde mit dem Worst Case Monster (Eigenkreation), mit dem ich mich dann meist unnötigerweise auseinandersetze. Dafür gibt es ein peinliches Fachwort, das ich mir erspare.

Mein Entsetzen gilt seit ich denken kann schwerem körperlichen Leid. Das lässt sich erklären mit frühen überfordernden Krankenhausaufenthalten. Zu meinen einsamsten Kindheitserinnerungen gehört das Erschrecken darüber, dass ein Kind mit jodverschmiertem Kopfverband umringt von vielen Ärzten eine übergroße Tafel Schokolade bekam als Lohn für seine unsägliche Tapferkeit. Nicht auszumalen, was es durchgemacht haben musste. Entsetzt haben mich Geburtsberichte von Frauen, die offensichtlich durch die Hölle gegangen waren. Statt mich zu schützen, setzte ich mich ihnen gezielt aus, um mich auf meine eigene erste Geburt vorzubereiten. Körperlicher Zerbruch schockiert mich heute noch. Ich habe keine Angst vor dem Tod, aber vor dem Sterben. Meine Oma hat zeitlebens um eine gute Sterbestunde gebetet. Diese Tradition habe ich von ihr übernommen.

Wie ein Schwamm sauge ich Worte in mich ein. Ich muss lernen, zu filtrieren und mich zu schützen. Weil ich herausgefunden habe, dass es nicht normal ist, so zu ticken wie ich (ich beneide unsäglich den Menschenschlag, der gemach und vertrauensvoll alles auf sich zukommen lässt), sorge ich für meine

Seele. Ich bin zu einer Wortsammlerin geworden und sammle gute Worte wie Muscheln am Meeresufer – nahrhafte, stützende, liebevolle, ehrliche, ermutigende, durchlebte Worte. Gute Worte sind mein Lebenselixier – ich bade in ihnen wie ein Fisch im Wasser. Ich suche nach ihnen in der Heiligen Schrift (schöneres Wort als Bibel). Ich schreibe Lieblingsworte an Wände, auf Tafeln, in Bilderrahmen. Erinnerungen an Heilsames, Erfahrenes, Erlerntes, Geschenktes. »Ruach – Hauch« erinnert mich an die alles durchdringende Gegenwart Gottes und an mein kürzestes Gebet: Einatmen ausatmen. Gott ist gegenwärtig. »Lachfalten« steht da und erinnert mich daran, dass die Spuren, die das Leben an mir hinterlässt, dazugehören dürfen. »Langmut« soll meine Ungeduld besänftigen. »Er bestimmt« hat ein sterbender Freund als Letztes zu mir gesagt. (Ohne Worte). Mit »Leben zwischen den Polen« beschreibt eine Freundin das nahe Beieinander von Schwerem und Schönem als etwas Anzunehmendes. Dem Fallen eine Richtung geben (hat meine 69-jährige Freundin gesagt, als sie vor zwei Monaten starb). Mach einen Schritt drüber … (stammt auch von ihr und ermutigt mich, nicht jedes Wort auf die Goldwaage zu legen und nicht alles Schrägverhalten anderer persönlich zu nehmen). Jeder Mensch, der aus meinem Leben geht, hinterlässt am Ende das eine und andere Wort.

Wie Aschenputtel wehre ich mich gegen schlechte Worte, die aus meinem Innern aufsteigen oder von außen an mich herangetragen werden. Die schlechten ins Kröpfchen. Wie Maria bewahre ich die guten Worte in meinem Herzen.

Sie umkreisen mich wie Satelliten (Wort aus dem zwanzigsten Jahrhundert), blitzen fragmentarisch in meinem Gedächtnis auf, kommen mir in den Sinn und helfen mir auf und weiter. Hier ein Bibelwort, da ein Liedvers, dort eine menschenfreundliche Ermutigung. Und Werner, mein von Gott zur rechten Seite gestellter Leuchtturm, der mich an Gutes erinnert, meinen Ängsten gute Worte entgegensetzt, meinen irritierten Blickwinkel korrigiert.

Ich freue mich über kleine Tagesinspirationen von Freundinnen (heute per Handy: »Was ist, wenn ich falle? – Oh Liebes, aber was ist, wenn du fliegst?«), genial passend zu der gestrigen Karte im Briefkasten mit einem Wort von Hilde Domin: *»Ich setzte meinen Fuß in die Luft – und sie trug.«*

Heute Morgen beim Zähneputzen kam mir das Wort in den Sinn: *»Der Mensch lebt nicht vom Brot allein!«* Luthers einprägsame Sprache ist Gold wert, aber zum Bibellesen bevorzuge ich meine Alltagssprache. Ich gebe das Wort in der PC-Konkordanz »Bibleserver« ein, werde zum Matthäusevangelium geführt und lese dort in der Neues Leben Übersetzung:

> *Doch Jesus erwiderte: »Nein! Die Schrift sagt: ›Der Mensch braucht mehr als nur Brot zum Leben. Er lebt auch von jedem Wort, das aus dem Mund Gottes kommt.‹«*
>
> Matthäus 4,4

Dankbar, im heutigen Jahrhundert leben zu dürfen, das mir die Möglichkeit eröffnet, selbst in Gottes Wort zu lesen, folge ich dem Querverweis zurück in die Heilige Schrift aus Jesu Zeit und lande bei Moses:

> *»Ja, er ließ euch eure Abhängigkeit spüren, indem er euch hungern ließ. Dann gab er euch Manna zu essen, das ihr und eure Vorfahren bis dahin nicht kanntet. Dadurch wollte er euch zei-*

*gen, dass der Mensch mehr als nur Brot zum Leben braucht. Er lebt auch von jedem Wort, das aus dem Mund des Herrn kommt.*

*5. Mose 8,3*

Tagesmanna …

## Schlusswort:

All das verbindet mich mit Jesus, von dem geschrieben steht: *»Am Anfang war das Wort. Das Wort war bei Gott und das Wort war Gott. Er war am Anfang bei Gott. Durch ihn wurde alles geschaffen, was ist. Es gibt nichts, was er, das Wort, nicht geschaffen hat. Das Leben selbst war in ihm, und dieses Leben schenkt allen Menschen Licht«* (*Johannes 1,1-4*).

# Vertrauen

Immer wieder berührt mich die Erkenntnis, dass Gott anders ist. Lebendiger als erwartet, barmherziger als befürchtet, kreativer als vorstellbar, konkreter, interessierter, näher, liebevoller. Immer noch bekomme ich Gänsehaut, wenn ich erlebe, dass Gebet wirklich bewirkt, dass Gott wirkt.

Ich liebe meinen Gott und sein Geschenk des Lebens sehr, aber in einem Winkel meines Herzens rechne ich doch immer wieder damit, dass Gott es nicht gut mit mir meinen könnte. Dass er noch Schweres für mich auf Lager hat. Dass ich ihm nicht so wichtig bin. Dass er sich sehr wahrscheinlich für das Weltgeschick interessiert, aber eher nicht für meine Wenigkeit.

Da hat mal ein Gottesdienstbesucher zu mir gesagt: »Der Herr hat mir ein Wort für dich gegeben!« Nun war der Mensch wildfremd und ich wildskeptisch solchen Phänomenen gegenüber. Mir hat der Herr so gut wie noch nie ein Wort für einen Wildfremden gegeben. Ich setzte ein höfliches Lächeln auf, zog mein dickes Fell an und ließ ihn reden. »*Gutes und Barmherzigkeit*«, sagte er freundlich, »*werden dir folgen ein Leben lang und du wirst bleiben im Haus des Herrn für immer*« (Psalm 23,6; Luther). Sprachs ein zweites Mal und zog von dannen. Ich erleichtert, dass es ein gutes Wort war, das ich sogleich wieder vergaß.

Neulich aber ist es mir wieder eingefallen, als nämlich mein verzweifelter Vater auf den Grabstein meiner Mutter erstaunlicherweise »Der Herr ist mein Hirte« eingravieren ließ. Es ist sein Konfirmationsvers und darüber hinaus kennt er von der Bibel nur noch das Vaterunser. Immer wenn ich nun den Anfang von Psalm 23 lese, kommt mir jetzt sein Ende in den Sinn. Seither dämmert mir, dass ich von der Bibel zwar mehr kenne als mein Vater, aber er vielleicht etwas Wesentliches verstanden hat, um das ich noch ringe. Während ich immer wieder aufs Neue um das Vertrauen kämpfen muss, dass der Herr mein Hirte ist, verfolgen mich seine Güte und Barmherzigkeit schon mein Leben lang …

Ich lerne eine Frau kennen, die Trauerbegleitung im Sellawie anbieten möchte. Ihr schlichtes Resümee, das sie nach tiefer Trauer, schwerwiegenden Gotteszweifeln und dem Zerbruch ihres bisherigen Gottesbildes zieht, berührt mich. »Gott wird schon wissen, was er tut. Er wird's schon recht machen.«

Vertrauen – Werner wünscht sich zutiefst von mir, dass ich ihm vertraue. Dass ich seine Gedanken oder Handlungen nicht immer hinterfrage, sondern darauf vertraue, dass er nach bestem Wissen und Gewissen Gutes für uns im Sinn hat. Ich aber bin ein Mensch, der lieber unbedingt verstehen will.

Mein Urvertrauen ist mir im Lauf meiner Kindheit ein Stück weit abhandengekommen. Blindes Vertrauen fällt mir schwer. Das dämmert mir während eines Wochenendtanzkurses in der Gemeinde, als ich mich mit verbundenen Augen von Werner führen lassen soll. Unsicherheit, Abwehr, Verspannung, Mangel an Loslassbereitschaft meinerseits – eine aufschlussreiche Partnerübung …

Je öfter ich versuche, Werner einfach zu vertrauen, umso entspannter entwickelt sich unsere Beziehung. Er reagiert äußerst empfindlich, wenn ich kein Vertrauen investieren kann. Seit ich das nach vielen schmerzhaften Auseinandersetzungen verstanden habe, ist unsere Ehe noch einmal in die Tiefe gewachsen. Ich entscheide mich immer wieder bewusst, zu vertrauen, dass Werner kompetent ist. Dass er es gut meint. Dass er es richtig machen wird. Er blüht auf und gibt sein Äußerstes. Es fällt ihm leicht, mir seine Liebe zu zeigen. Allmählich dämmert mir, dass Vertrauen der höchste Ausdruck von Liebe ist. Marie von Ebner-Eschenbach schreibt: »*Gegenseitiges Vertrauen ist wichtiger als gegenseitiges Verstehen*«. [13]

Vertrauen – Jesus wünscht sich zutiefst von mir, dass ich ihm vertraue. »Im Sturm auf die Probe gestellt« lautet eine altbekannte Geschichte aus Matthäus 8. Jesus ruht auf der stürmischen Überfahrt, zu der er seine Jünger eingeladen hat. Die Wellen drohen das Boot unter sich zu begraben und Jesus schläft – nicht gerade vertrauenerweckend, wie ich finde. Als ihn ihr Hilferuf aus tiefster See- und Seelennot weckt, tadelt er: »*Warum habt ihr Angst? Ist euer Glaube denn so klein?*« *(Matthäus 8,26a)*. Ähnliche Geschichte in Matthäus 14: Alle im Boot, Starkwind, Angst. Jesus, der ihnen auf dem Wasser entgegenläuft. Petrus, der Schritte ins Bodenlose wagt, den Blick auf Jesus gerichtet. Und doch unterzugehen droht, als er auch die reale Bedrohung sieht. Jesus auch zu ihm: »*Du hast nicht viel Glauben. … Warum hast du gezweifelt?*« *(Matthäus 14,31b)*.

Gott geht selbst, was Vertrauen betrifft, bis zum Äußersten. Es weihnachtet sehr, als er seine Allmacht abstreift, in die Gestalt eines hilflosen Babys schlüpft und einer von uns wird, klein, bedürftig, verletzlich – um erkannt zu werden. Auf die Gefahr hin, verkannt zu werden. Der unsichtbare Gott wird sichtbar. Der ewige Gott, der in unzugänglichem Licht wohnt, begegnet uns auf Augenhöhe. Tiefer kann Gott sich nicht mehr herabbeugen. Offener können göttliche Arme nicht mehr sein.

Weihnachten – dass der allumfassende und alles durchdringende Schöpfer sich uns aus Sehnsucht auf Gedeih und Verderb anvertraut, uns sein Vertrauen schenkt, übersteigt mein Verstehen.

Bei der Erziehung unserer Kinder haben wir auf Vertrauen gesetzt. Vertrauen bewirkt Vertrauen, ehrt den Beschenkten und bringt das Gute in ihm zum Vorschein. Vertrauen schafft ein Klima, in dem der andere aufatmen und er selbst sein kann. Vertrauen ist anspruchsvoll. Gott hat das Risiko des Vertrauens das Leben seines Sohnes gekostet. Uns Menschen hat Gottes Vertrauen das ewige Leben geschenkt. Göttliches Paradoxon.

Ich halte mich an das Vertrauen. Darauf, dass Gott wieder einen neuen Morgen schenkt, mir jeden Tag aufs Neue seinen Lebensatem einbläst. Dass ich eines Tages geliebte Verstorbene wiedersehen werde. Dass Gott mich auch in Zukunft nicht verlässt, meinen Lebensweg beharrlich begleiten wird. Dass er mich sieht, ansieht, auch wenn ich ihn nicht sehe. Dass Leben Sinn macht. Dass auf meine mühsam errungenen Lebenserfahrungen und kostbaren Gottesbegegnungen Verlass ist.

*Der gute Hirte*

*Der Herr ist mein Hirte, mir wird nichts mangeln. Er weidet mich auf einer grünen Aue und führet mich zum frischen Wasser. Er erquicket meine Seele. Er führet mich auf rechter Straße um seines Namens willen. Und ob ich schon wanderte im finstern Tal, fürchte ich kein Unglück; denn du bist bei mir, dein Stecken und Stab trösten mich.*

*Du bereitest vor mir einen Tisch im Angesicht meiner Feinde. Du salbest mein Haupt mit Öl und schenkest mir voll ein. Gutes und Barmherzigkeit werden mir folgen mein Leben lang, und ich werde bleiben im Hause des Herrn immerdar.*

*Psalm 23; Luther*

# Gottes Heiligkeit an den Polen des Lebens

Ich war bei einer sterbenden Freundin und kehre voller Frieden heim, beschenkt durch ihre Liebe und Dankbarkeit. Ihr Abschied beschäftigt mich alle Tage. Ich verstehe nicht, warum das Sterben so ein schwerer Weg sein muss. Ja, der Tod gehört zum Leben dazu. Bei jedem Sterben, das mir nahegeht, begreife ich klarer, dass er auch zu meinem Leben dazugehört. Darin liegt die große Solidarität der Menschheit: geboren werden und gestorben werden. Bei den beiden Monumentalereignissen unserer Geschichte werden wir nicht gefragt. Ich begleite meine Freundin und warte. Dass ich nicht weiß, wie ihr letzter Weg verlaufen wird, macht mich ängstlich, dass ich sie verlieren werde, macht mich tieftraurig, dass ich sie bald in Gottes Liebe wissen darf, macht mich fast froh und hoffnungsvoll auf ein Wiedersehen. Mitten im Tal des Todeschattens ahne ich das neue Land. Sie ist nah dran am Geheimnis. Bald wird sie sehen, woran sie ein Leben lang geglaubt hat. Ich halte ihre Hand, bin Zaungast an der Schwelle zur Ewigkeit. Über all dem, was jetzt geschieht und ich doch nicht fasse, weht Gottes Heiligkeit.

Als Oma starb, saß ich stundenlang an ihrem Bett und betrachtete den Mensch, der mir unverzichtbar schien. Sie atmete nicht mehr. Ich blieb an ihrer Seite bis alle Wärme und Weichheit von ihr gewichen war. Als sie mich derart verlassen hatte, konnte ich ihren Körper loslassen. An diesem Ort hatte ich keine Tränen. Nur Ehrfurcht und Dankbarkeit. Heiliger Boden.

Zwei kurze Jahrzehnte später starb überraschend meine Mutter. Ich stand mit meinen Töchtern Anna und Lena fassungslos an ihrem Sarg. Drei Generationen Frauen, die eine hatte mal eben die ungeheuerliche Grenze überschritten. Lena bat darum, noch eine Weile allein bei ihr bleiben zu dürfen. Als sie zu uns kam, fragte sie uns: »Habt ihr Jesus gesehen? Er stand hinter dem Kreuz.« Eine ungeheuerliche Entdeckung, die sie wie selbstverständlich in den Raum stellte. Ich nahm sie ehrfürchtig zur Kenntnis, fragte nichts, bewahrte alles in meinem Herzen. Sieben Jahre später, nach der Beerdigung meiner Freundin, unterhielt ich mich mit Lena über das Sterben. Jetzt wagte ich nachzuhaken. Lena meinte schlicht: »Ja, Jesus stand auch da!« Heiliger Boden ... Grenzland.

Anna wird 30. Ich tauche in meinem Tagebuch zurück in die Zeit, als ich sie in mir trug und gebar und begegne darin neu dem lebendigen Gott. Ich weine über diese Schöpfungsstunde, an der ich dreimal auf eine Weise beteiligt war, die mich heute noch sprachlos macht. Jedes Mal habe ich jeden einzelnen der neun Monate gebraucht, um am Ende doch nicht zu begreifen, woher dieser Mensch kam, den ich »unter dem Herzen getragen« und »zur Welt gebracht« hatte. Stundenlang lag ich still neben dem Neuankömmling und sah ihn an. Es war ein Wunder. Das hier hatte ich nicht allein zustandegebracht. Es würde lebenslange Auswirkungen haben. Gottes Heiligkeit war eingezogen in das kleine Zimmer der Wöchnerinnenstation, in mein Leben. Ein Mensch wächst in einem Menschen heran. Eine Frau wird zur Mutter, ein Paar zur Familie. Liebe trägt Früchte. Groß ist das Geheimnis. Als eine Freundin ihr erstes Enkelkind im Arm hielt, mailte sie mir, noch nah am Schöpfungsatem: »Es war ein heiliger Moment. Ich hatte wie bei dem Tod meines Mannes das Gefühl, dass der Vorhang des Lebens sich für einen kurzen, heiligen Moment hebt.« »*Noch keinen Abstand, dicht an der Quelle*«, nennt Hans Bouma dieses Erlebnis. »*Haut an Haut mit der Schöpfung, Kind zu Hause in dem Geheimnis*«.

Gottes Heiligkeit begegnet mir am eindringlichsten an den Grenzstationen des Lebens, wo mir bewusst wird, dass ich Mensch bin und er der Schöpfer. Was an den Schnittstellen zwischen Himmel und Erde, wo wir zur Welt kommen und sie wieder verlassen, geschieht, übersteigt mein Verstehen. Ewigkeit trifft auf Endlichkeit, alltägliches, ungeheuerliches, heiliges Geschehen.

Bereits die Schwangerschaft erlebte ich als Begegnung mit Gottes Heiligkeit. Als erstauntes Ausgeliefertsein an Seine Hand. Meine erste Schwangerschaft geschah mir. Gefühlt war ich noch nicht so weit. Meine zweite konnte ich mir gerade wieder am Horizont vorstellen, als sie auch bereits eintrat. Mit meiner dritten hatte ich nicht mehr gerechnet. Jedes Mal das Gefühl: Was tut der Schöpfer da gerade?

Natürliche Empfängnisverhütung erfordert Geschicklichkeit. Das ging schon mal eine Weile gut mit dem natürlichen Verhüten, aber ich war auch sehr empfänglich. Meine Temperaturkurve kombiniert mit einem kleinen Verhütungsmissgeschick sagten mir deutlich, dass ich innerhalb der nächsten 24 Stunden zum dritten Mal schwanger sein würde. Die Pille danach kam mir in den Sinn – eine Tablette, und ich wäre gerettet. Meine moralische Überzeugung musste in den Praxistest. Panik. Ich floh in den Garten. Unter dem riesigen Sternenhimmel rang ich mit Gott. Ich fühlte mich klein und unbedeutend, wie ein Werkzeug ohne freien Willen, ausgeliefert, handlungsunfähig. Gott war groß und ruhig, der handelnde Schöpfer. Nie habe ich diese Nacht unter Gottes Heiligkeit vergessen. Ich hatte keine Wahl. Der Blick in den funkelnden Nachthimmel zwang mich in die Knie. Die Diskrepanz zwischen Gottes Wissen um mein weiteres Leben, meinen Unwillen noch einmal schwanger zu werden, meinen begrenzten Horizont ließ mich Gottes Heiligkeit fürchten. Wer war ich? Wer war Gott??

Am Morgen kletterte Lena zu mir ins Bett und sang: *»Jesus liebt alle alle Kinder, Jesus liebt alle alle Kinder, Jesus liebt alle alle Kinder, alle alle dürfen zu ihm kommen!«*

Aufgewühlt rief ich eine Freundin an. Sie war Apothekerin und hatte ein hohes Werteverständnis. Sie beruhigte mich: »Für mich ist das keine Abtreibung. Das ist ein undefinierbarer Zellklumpen, noch kein Mensch. Du kannst die Pille danach ruhigen Gewissens nehmen.« Mein Gewissen beruhigte sich nicht. Ich rief eine Freundin aus der Gemeinde an. Sie sagte ernst und klar: »Für mich ist das Abtreibung.« Ich wusste es selbst: Wenn ich den Zellklumpen in Ruhe lassen würde, würde daraus ein Mensch entstehen, ein Geschöpf Gottes. Keine Ahnung, was sein Wille war. Meiner spielte offensichtlich keine Rolle.

Ich wurde schwanger. Ich brauchte einige Monate, bis ich ein Ja dazu fand. »Bitte lass es ein Mädchen werden ...« Es wurde ein Junge, und ich musste erfahren, dass das das kleinste »Problem« war. Jan war krank und behindert und hatte Missbildungen an Gaumen und Nieren, mehrmals hing sein Leben am seidenen Faden. Was sich bei meinen Töchtern wie selbstverständlich entwickelte, bedurfte bei Jan vieler Operationen und Therapien. In der Klinik schloss ich Freundschaft mit einer Mutter, die ein nierenkrankes Kind hatte. Gott gibt und Gott nimmt. Lea stirbt. Jan überlebt. 25 Jahre später: Jan gehört untrennbar zu meinem Leben dazu. Ich habe für ihn gekämpft mit der Liebe einer Löwenmutter, ständig war ich mit Gott im Gespräch um seinetwillen. Diese unerwartete Liebe zu Jan seit seinem ersten Atemzug war Gottes Geschenk an mich. Unsere Ehe, unsere Familie kam an ihre Grenzen. Gott hat erhalten. Jans Leben, Ehe, Familie. Er hat uns mit Jan an der Hand genommen und uns in ein anderes Land geführt. Alle haben wir dabei Essenzielles fürs Leben gelernt. Gott hat gefeilt an Charakter, Geduld, Sichtweise, Liebesfähigkeit. Unermüdlich hat er Liebe, Kraft und unerwartetes Glück geschenkt. Gottes Gedanken sind nicht unsere Gedanken, sie sind höher und weiter, er hat Gutes für uns im Sinn.

Nach dem Überstehen einer Krebserkrankung habe ich endgültig verstanden, dass Gott jeden einzelnen Atemzug schenkt, unser Leben tagtäglich stiftet und erhält. Ich stand am Abgrund. Im Tal des Todesschattens habe ich Gottes Heiligkeit erlebt. Sein Reden, sein Handeln.

An der Nahtstelle zwischen Leben und Tod ahne ich, wie hauchdünn die Grenze dazwischen ist. Für einen kurzen Moment scheint die Trennung aufgehoben. Und dann müssen sie wieder genügen, die kleinen Offenbarungsmomente, kämpfe ich wieder mit den Disteln und Dornen des Lebens. Was für eine Hoffnung wir haben! Gott sei Dank.

Ich weiß nicht, warum Gott uns das Gebären und Sterben so grenzwertig schwer macht. Gott erklärt sich nicht. Aber er handelt. So rätselhaft wie der Schmerz ist Gottes Ausweg, sein Hinabbeugen in unser Leid. Das Kreuz ist bis heute der Ort, wo ich Gott am zuverlässigsten begegne. Jesus hat Gott ein

Gesicht gegeben und den Weg frei gemacht, mich dem Heiligen mit der Unbefangenheit eines Kindes zu nähern. Gottes Heiligkeit ist keine Abgrenzung mehr.

Gott ist ein erhabener Gott. Er wohnt in unzugänglichem Licht. Überhaupt brauche ich oft die Silbe »un« wenn ich über ihn nachdenke. Gott ist unsichtbar, unfassbar, unbegreiflich, unverfügbar, unberechenbar, unlogisch, unvorhersehbar. Es gibt auch viel »voll«. Geheimnisvoll, voll Güte, Gnade und Erbarmen. Jesus sei Dank kenne ich von diesem gewaltigen, heiligen Gott eine andere Seite. Er will sich mir nahen. Er nimmt Anteil an meinem Leben, er sorgt für mich und nimmt meine Sorgen auf sich. Wie schön, dass Jesus uns als Bruder zeigt, dass wir gemeinsam mit ihm den heiligen Gott »Abba, lieber Vater« nennen dürfen.

In der Krippe und am Kreuz kommen beide Seiten zusammen, Gottes Heiligkeit und Macht und seine unfassbare Liebe, Geduld und Güte. Ich berge mich bei diesem großen Gott, schenke ihm mein Vertrauen.

Es gibt andere Wege, mir Gottes Heiligkeit bewusst zu werden. Oft geschieht es in der Natur, in Gottes Schöpfung. Am leichtesten fällt mir Beten unter freiem Himmel. Kaum bin ich draußen, stellt sich eine Verbindung zum Himmel her. Meine erste Ahnung von Gottes Heiligkeit geht zurück auf den Moment, als ich als Neunjährige zum ersten Mal dem Meer gegenüberstand. Wie groß musste Gott sein, wenn er ein so unendliches Wasser von solcher Gewalt und Schönheit erschaffen konnte! Ich beobachte einen Specht beim Hämmern mit seinem Kopf an Hartholz und weiß, dass er diese Prozedur nur deshalb ohne Gehirnerschütterung übersteht, weil er ein schwingungsfrei gelagertes Großhirn hat. Ich lese ein

Buch über die Funktionsweise des Darms und bin fasziniert, wie hochkomplex es in mir bei nur scheinbar nebensächlichen Vorgängen zugeht. Ehrfürchtiges Staunen meinerseits vor Gottes Schöpferakribie. Alles Leben ist Geschenk. Schon als Kind freute ich mich über Schopenhauers Äußerung, dass jeder dumme Junge einen Käfer zertreten kann, aber alle Professoren der Welt keinen herstellen können. Das leuchtete mir ein und stand in Verbindung mit der Ehrfurcht vor Gottes Schöpferkraft und Heiligkeit.

Ein unvergesslicher, heiliger Moment war, als mir die Schuppen von den Augen fielen und ich das Geschenk des Glaubens empfing. Das war mit 24. Am Ende eines Ringens um die Wahrheit überfiel mich die Erkenntnis, dass Gott wirklich lebt, dass er ist. Das war so Ehrfurcht erregend und gleichzeitig so selbstverständlich wie kaum etwas anderes in meinem Leben. Friedlich, glücklich, angekommen fühlte ich mich, demütig und klein. Der Heilige hatte Einzug genommen in mein Herz.

Die Arbeit in unserem Laden-Café schenkt mir intensive Begegnungen. Ich liebe das Gespräch mit meinem Nächsten, taste mich heran, erspüre seine Befindlichkeit und gehe gern ein paar Schritte seines Weges mit. Das erfüllt meine Tage mit Sinn und Freude. Dabei höre ich viele Lebensgeschichten. Viel Schönes, sehr viel Schweres. Ich freue und fürchte mich mit. Immer wenn ich von Schicksalsschlägen höre, bekomme ich Respekt vor Gottes Heiligkeit. Dort, wo wir Menschen an unsere Grenzen stoßen und mit unserem Können nicht mehr unser Geschick beeinflussen können. Wo wir vor Rätseln stehen und uns fragen, wie wir unser Heute leben können und was die Zukunft bringen mag.

# Zugvögel

Durchwachsenes Sommerwetter haben wir dieses Jahr. Wolkenberge jagen am Himmel entlang und färben die Landschaft in Molltönen. Gerade noch haben Amseln und Nachtigallen ihre Frühlingsduette geschmettert, nun plündern bereits Starenwolken die Weinberge, die Störche werden unruhig und halten ihre Flügel in den Wind. Ihre Jungen sind groß geworden und flugfähig, bald werden sie sich auf die große Reise machen. Fasziniert beobachte ich Jahr für Jahr das Wandern der Zugvögel.

Auch unsere Kinder sind flügge geworden und in die große weite Welt ausgeflogen. Anfangs war mir das Herz schwer. Ich bin ja nicht blind hineingestolpert in das große Loslassen, ich habe es sehenden Auges getan, aber das hat mir nichts genutzt, das Leben will gelebt werden.

Unsere drei Nestflüchter haben ihr Nest alle im selben Jahr verlassen. Ich habe die Zeit vor ihrem Auszug bis auf den letzten Tropfen genossen, gleichzeitig gestöhnt über die Vielschichtigkeit der Herausforderungen, die häusliche Enge, die lebhafte Präsenz der jungen Erwachsenen, die vor allem mit sich selbst beschäftigt waren, die dichte Verantwortung für die letzte Phase vor dem Abflug, die Zerrissenheit zwischen mir, den Kindern und meinem Mann, der völlig anders mit dem abschiedlichen Leben umging.

Wir sind zur Seite gestanden bei Liebeskummer, haben bei Schulabschlüssen und Berufsfindung gecoacht, haben geholfen, unvergessliche Hochzeitsfeiern und Abschiedsfeste zu zelebrieren und unsere Zugvögel zum Kontinentwechsel bis ans Gate chauffiert. Dann waren sie weg.

Gerade noch voll das wilde Leben und plötzlich wieder zu zweit. Zuerst weinten wir. Dann verstummten wir. Das Vakuum, das sie hinterließen, war enorm. Ich kam mir vor wie die Frau auf einem Gemälde von Dalí, die am Fenster steht und darauf wartet, dass das Leben zurückkehrt.

Aber als Werner eines Tages monierte, er käme sich vor wie im Altersheim, erwachte ich empört aus der Schockstarre. Wir schüttelten unsere Felle, sahen uns um und begannen, vorsichtig auf Entdeckungsreise zu gehen. Und siehe da: Das Vakuum war gar keine bedrohliche Leere, sondern auch freier Raum! Ein Land voller Möglichkeiten. Kraft war noch da. Lebenserfahrung hatte sich angesammelt, Lebensspuren sich gebildet, Netzwerke waren entstanden. Es gab Ressourcen und Potenziale, die wir zwanzig intensive Familienjahre lang für nichts nutzen konnten außerhalb der großen, geliebten, selbst gewählten Aufgabe. Aber jetzt war Raum und Zeit für etwas, das auch in uns war, sich entfalten wollte und durfte. Das klingt glatter als es war. Mir half gute Lektüre und seelsorgerliche Begleitung zu vielen Themen, die in der Lebensmitte aufbrechen. Aber keinem hätte ich geglaubt, der mir gesagt hätte, welche Überraschungen das Leben noch für mich bereithielt nach dem Abflug der Kinder.

Werner und ich sind nun schon lange gemeinsam unterwegs. Deshalb entstehen inzwischen große Zahlen für bestimmte Beobachtungen. Dieses Jahr haben wir zum ersten Mal seit dreißig Jahren zu zweit vierzehn Tage Urlaub verbracht. Hier und da hatten wir schon mal den unerhörten Luxus eines hart erkämpften Wöchelchens. Vierzehn Tage!

Eine immense Zeitspanne. Wir sind dorthin gefahren, wo wir unseren ersten Urlaub verbracht hatten, in die Provence. Frankreich war eine Offenbarung, Zelten war eine Offenbarung, unserer Liebe hat die Zeit sehr gutgetan. Wir haben seither viel Frankreich kennengelernt, verbringen immer noch am liebsten auf Campingplätzen unseren Urlaub, wenn auch inzwischen in der Variante Mobile Home und unserer Liebe tut Abstand vom Alltag und Zweisamkeit immer noch enorm gut.

Ich liebe mein Leben, so wie es ist. Ich habe es geliebt, mit den Kindern unter einem Dach zu leben, Familienleben aufzubauen, Verantwortung zu tragen, ihre Entwicklung mitzuerleben, sie zu lieben und ihre Liebe zu tanken.

Und, ja, alles hat seine Zeit. Kaum ein anderer Satz aus der Bibel kommt mir so oft in den Sinn. Nach dem Verlassen dieses intensiven Lebensraumes begann etwas erstaunlich Neues. In der Ruhe, die einkehrte, stieg ein alter Lebenstraum in uns hoch, der die Chance barg, Wirklichkeit zu werden, weil nun am ehesten die Zeit reif dafür war. »Wenn nicht jetzt, wann dann?«, fragte Werner und ich lernte den Pionier an meiner Seite noch einmal von einer neuen Seite kennen – und er mich.

Wohl wissend, dass wir nicht mehr die Jüngsten sind und unsere Zeit in Gottes Hand steht, begannen wir gemeinsam mit Freunden ein Projekt, das zu einem neuen Lebensschwerpunkt wurde.

Ich liebe es, wenn unsere Zugvögel ihr Nest aufsuchen und wir weiterhin, punktueller nun, Leben teilen. Aber ich liebe auch meine alte neue Freiheit mit den Möglichkeiten eines Lebens mit geringerer Verantwortung.

*»Obwohl wir Gott nie gesehen haben, sind wir wie Zugvögel,
die, an einem fremden Ort geboren, doch eine geheimnisvolle Unruhe empfinden, wenn der Winter naht, einen Ruf des Blutes,
eine Sehnsucht nach der frühlingshaften Heimat, die sie nie gesehen haben und zu der sie aufbrechen, ohne zu wissen, wohin. Sie
haben den Ruf des gelobten Landes vernommen, die Stimme des
Geliebten, der ruft: »Auf, meine Freundin! Du meine Schöne,
komm! Vorüber ist die Winterzeit, der Regen ist vorbei!«*

*Ernesto Cardenal*

Einmal im Jahr treffen wir uns mit unseren Zugvögeln in
unserem gemeinsamen Weltlieblingsort, wo wir früher so oft
Campingurlaub gemacht haben. Wir mieten ein wunderschönes Ferienhaus, so schön, dass wir es am liebsten eintauschen
möchten gegen unser eigenes. Hier erleben wir uns wieder
nah und dicht, bunt und familiär. Ich staune dann die ganze
Zeit, was seit dem Anfang vor dreißig Jahren aus uns beiden
geworden ist. Die Kernfamilie ist erfreulich gewachsen. Wir
kochen, reden, spielen, wandern durch weite Sandstrände, radeln die alten Dünenwege entlang und reiten gemeinsam aus.
Wieder bade ich in Familie, wieder muss ich lernen, die Zugvögel ziehen zu lassen, die Stille wieder zu genießen.

Am Anfang dachte ich, daran werde ich mich nie gewöhnen, aber heute liebe ich meine alte neue Freiheit und die
Möglichkeiten eines Lebens mit geringer Verantwortung.

# Save the dates

Hinter mir liegen Monate intensiver Arbeit. In meinen freien Minuten der letzten zwei Jahre habe ich diverse Tagebücher abgeschrieben. Unzählige Winterabende hindurch habe ich Fotos in Bildagenturen ausgesucht und in mühevoller Kleinarbeit erfreulich schöne Zitate gesammelt. Während meiner Spaziergänge durch die Natur, in schlaflosen Nächten, bei guten Gesprächen und während vieler Mailwechsel habe ich Gedanken notiert und sie einzelnen Pools zugeordnet. Ich bin gerüstet. Nun geht es darum, meinem Buchmanuskript noch den letzten Schliff zu geben und aus den Puzzleteilen Kalender zusammenzustellen.

Ich ärgere mich intensiv, als mir beim Hin- und Herschieben zwei Bilder verloren gehen, die mir coververdächtig schienen. Dann haucht mein Computer seinen Geist aus, und mit einem Schlag geht alles verloren. Ein hektischer Blick auf meine externen Festplatten offenbart meine schriftstellerische Todsünde: Seit anderthalb Jahren habe ich nicht mehr gespeichert. Der Schaden ist so groß, dass ich nicht weiß, wo ich anfangen soll, mich zu ärgern. Ich bin verloren. Ich kann meine Schriftstellerei an den Nagel hängen. Am Horizont nahen drohend Abgabetermine für zugesagte Projekte.

Weder mein herbeieilender Computerspezialist noch eine Spezialfestplattenrettungsfirma können meine mechanisch ramponierte Festplatte reparieren.

Bittere Tränen. Wink des Himmels? Soll ich mit dem Schreiben aufhören, mich auf Sellawie und mein Enkelkind konzentrieren? Spontan möchte ich alles hinwerfen, aber dann fehlt es mir an jeder Ecke, mich schriftlich zu sortieren. Schreibend räume ich mein Leben auf. Meine Art, durchs Leben zu gehen, ist schriftlich. Ich bin ein Eichhörnchen. *»Gedanken sind wie Wolken, die vorüberziehen. Neunzig Prozent aller Inspirationen verfliegen, ehe sie festgehalten wurden.«*

Wie wahr. Getreu diesem Satz halte ich Gedanken auf Papier fest, wo und wann sie mir in den Sinn kommen und übertrage sie später fleißig in Pools in meinem PC. Ich sammle, sortiere und kombiniere. Gedankensplitter werden zu Texten, Bilder fügen sich wie fehlende Puzzleteile dazu. So entstehen mit der Zeit Artikel, Kalender, Bücher.

Mein Leichtsinn rächt sich bitter. Die Mühe meiner Hände Werk, die vielen Hundert nächtlichen Stunden, all das Dranbleiben, Durchbeißen, all die Rückenschmerzen … Alles vergeblich. Schriftstellerisch muss ich alle Werkseinstellungen auf null setzen. Ich fühle mich nackt und leerhändig. Als wären die Fotoalben einer wichtigen Epoche unwiederbringlich verloren. Oder als hätte ich einen Teil meines Gedächtnisses verloren.

Nach und nach dämmert mir das Ausmaß des Schadens. Ich habe eine umfangreiche Sammlung zum Thema »Hinfallen, Aufstehen, Krone zurechtrücken, Weitergehen«. Die Gedanken wollte ich zu einem Artikel zusammenfassen, vielleicht sogar zu einem Bildband. Sie sind weg und ich kann den Satz nun statt in Worten in Taten umsetzen.

Viele private Informationen und Vorgänge hatte ich im PC gesammelt. Ich habe mich vollkommen auf dieses unbegreifliche Medium verlassen. Nichts ausgedruckt, nichts doppelt und dreifach gespeichert. Dabei weiß ich doch, dass eine dreifache

Schnur besser hält. Wie blöd kann man sein, sich so abhängig zu machen vom Computer?

Dies ist eine der Lebenssituationen, wo mal wieder nur noch der Allmächtige retten kann. In der Losung lese ich: »*Ich weiß alles, was du tust. Ich habe dein Bemühen und dein geduldiges Warten gesehen*« *(Offenbarung 2,2a)*. Worte Gottes begegnen mir als Hoffnungsschimmer, und während ich wieder einmal erlebe, dass wir Menschen in den trügerischen Sicherheiten des Lebens alles verlieren können, bleibt mir das Immerhin meines Glaubens: Gott kann mir nicht verloren gehen! Und ich ihm auch nicht. Bei Gott wiege ich mich in echter Sicherheit. Er ist die Grundsicherung in meinem Leben. Ich bin festgemacht am sichersten Ort der Welt.

# Alles wird gut ...

Ein ganz normaler Freitagabend. Fröhlich schlafe ich ein. Zwei Stunden später erwache ich, gepeinigt von unsäglichen Schmerzwellen in der Nierengegend. Schüttelfrost packt mich, gefolgt von der schlagartigen Erkenntnis, dass mit mir etwas Unkontrollierbares, Schlimmes passiert. Fünf Minuten später fährt Werner mich in die Notaufnahme der Klinik. Um mich herum alarmierte Gesichter, schleunige Untersuchungen. Im Nu werde ich umgestülpt, in verschiedene Röhren geschoben, analysiert. Mein Blutbild ist besorgniserregend. »Vielleicht ist ein Organ geplatzt?«, mutmaßt die Ärztin. Vielleicht ist eine überstanden geglaubte Krebserkrankung zurückgekehrt, kommt mir in den Sinn. Ich bin meiner Mutter auf ganz neue Weise nah, die über Nacht an multiplem Organversagen gestorben ist. Vielleicht schlägt auch für mich heute Nacht meine letzte Stunde, denke ich wie in Trance. Irgendwann legen sich überraschenderweise die Schmerzen und der Schüttelfrost verschwindet auf wundersame Weise. Drei Tage verbringe ich auf einer Isolierstation, auf der ich aufgrund des beunruhigenden Blutbildes nur besucht werden darf von Menschen, die sich astronautenmäßig verkleiden. Auf allen Gesichtern dieselbe Besorgnis. In mir drin großes Kopfkino. Was ist mit mir ... Was wäre wenn ... Was war das ... Was wird einmal sein ...

Dann beginnt auch mein Blutbild sich überraschend zu erholen, die Ärzte empfehlen eine letzte belastende Untersuchung, um eine bösartige Bluterkrankung auszuschließen. Ich lehne ab und gehe dorthin, wonach ich mich die ganzen wenigen langen Tage gesehnt habe: heim. Auf eigene Verantwortung. Mein väterlicher Hausarzt, den ich am nächsten Tag fragend aufsuche, sieht erst mich, dann meine Papiere durchdringend an und meint schließlich: »Mein Bauch sagt: Da ist nix!«

Das erinnert mich an Gottes ersten Urteilsspruch: »Siehe, es war gut!« Erstaunlich, wie bescheiden dieses Urteil war. Ein kleines, gewöhnliches »Gut« genügte dem Schöpfer des Universums. Aber ist es nicht genau das, wonach wir uns zutiefst sehnen? »Alles wird gut!«

Am Ende lautet der ärztliche Urteilsspruch über das mysteriös Erlebte: »Womöglich ein Infekt!?« Von allen mörderischen Diagnosevarianten bleibt die menschenfreundlichste, die unwahrscheinlichste, die denkbar gnädigste. Ein Infekt ... Wenn es weiter nichts ist ...

Begnadigt. Die nächsten Tage versucht meine Seele, nachzukommen. Ich brauche Zeit. Ich bin am Abgrund gestanden. Ich habe wieder gesehen, wie dünn das Eis ist, auf dem wir leben. Wie nah Gott. Und wie zuverlässig meine Weggefährten, die dastanden wie eine Allee. Nach der Allnachtserfahrung liebe ich meinen Alltag noch mehr als zuvor – und freue mich mit neuer Gespanntheit auf meinen himmlischen Schöpfer.

»Alles wird gut!«, sagen wir gern zum Universaltrost. Wie tröstlich das klingt. Welch großes Versprechen. Wo können wir es einlösen?

In der Woche Erholungszeit, die ich geschenkt bekomme, bevor ich wieder ganz normal durchstarten darf in den geliebten Alltag, gibt es viele Momente, in denen tatsächlich alles gut ist. Ich sitze gern auf einer Bank an unserem kleinen See mit Bibel, Tagebuch, Vesper, fasziniert darüber, wie der

Frühling durchbricht. Die Wiese duftet schon nach Heu, ich esse aromatische Erdbeeren. Weitblick bis zu den Bergen. Die ersten Grillen geigen zu einem glutroten Sonnenuntergang. Wie immer wundere ich mich, wie leise dieses Naturereignis geschieht, an das ich mich nie gewöhne. Meine Zehen wühlen in warmer Erde, mich quälen keine Sorgen, alles ist gut. Gut ist wirklich gut genug!

> *»Zu Hause ist der friedliche Ort, wo Gott hereinkommt und mir sagt, dass alles gut ist — dass wir durch ihn alle miteinander verbunden sind. Ich bin zu Hause, wenn ich mich von ganzem Herzen der Stille, dem Lachen, den Tränen, dem Freund, dem Feind, der Freude, der Trauer und dem Geheimnis dieser Gabe, die wir Leben nennen, überlasse.«*
>
> *Nancy Howell*

# Gott ist ein Nähetyp

Ich sehne mich nach Nähe. Ich habe das Gefühl zu leben im Austausch, in Gemeinschaft, im gemeinsamen Lachen, Staunen, Freuen, Trauern. Nähe vermittelt mir Geborgenheit, Wärme, Lebensfreude und Sicherheit.

Maximale Nähe, an die ich mich nicht mehr erinnern kann, wonach ich mich vielleicht mein Leben lang sehne, hatte ich im Leib meiner Mutter. Welch geheimnisvoller Start ins Leben … Als werdende Mutter erlebte ich selbst diese unüberbietbare Nähe, als meine Kinder wurden, in mir drin. Durch die erste Abnabelung wurde eine neue Form von Nähe möglich, geteiltes Leben außerhalb der Abschirmung des Mutterleibes. Intensive Nähe erlebte ich beim Stillen. Meinem Baby nahe zu sein war mein Glück. Seither entfernten sich meine Babys von mir. Heute sind sie erwachsen. Nähe gibt es nun noch als grundsätzliche Verbundenheit und punktuelle Begegnung, wir wissen umeinander, aber jeder lebt sein eigenes Leben.

*All because two people fell in love* hängt als Holzschild an unserer Wand – nach der Abnabelung von den Kindern galt es, Nähe wieder vermehrt als Paar zu leben, wie damals, bevor wir uns vermehrt hatten. Allerdings waren wir nicht mehr dieselben. Wir suchen die gegenseitige Nähe, stolpern über Zeiten der Irritation und Distanz, sind glücklich, wenn es uns gelingt, uns wirklich zu begegnen. Ich liebe Nähe. Ich liebe es, geliebt zu sein.

Und Gott. Mein Verstand ist zu klein, Gott zu groß, um das Mysterium zu begreifen, dass Gott nahbar ist. Ich suche

Gott und verliere ihn im Alltag. Ich taste nach ihm im Nebel, schreie nach ihm in der Dunkelheit, frage, zweifle, bis er mir neu begegnet, lebendig und nah. Ich sehne mich nach Gott und erkenne ihn bruchstückhaft, in gelingenden Beziehungen, im Zauber der Natur, in seiner Geschichte mit mir.

Immer wenn ich erleben darf, dass es eine göttliche Wirklichkeit hinter allem Sichtbaren gibt, dass Gott wirklich da ist und seine Zusagen hier und heute tatsächlich gelten, erlebe ich mitten in der Zerbrechlichkeit des Lebens Glück. Welch wachsender Trost in der Vergänglichkeit menschlicher Nähe – Gott bleibt. Ihm nahe zu sein ist mein Glück.

Sein Name ist Programm: »Ich bin der Ich bin da!« Ich bin für dich da.

In allem, über und unter all dem, was mein Leben ausmacht, ist er der große, ferne, nahe Gott, mein fürsorglicher Vater, der mich erdacht, erschaffen, meiner Mutter anvertraut, mich mit Werner zusammengeführt und mich gesegnet hat mit neuem Leben. Gott ist nah und liebevoll – und fern und unzugänglich. Nähemomente mit ihm gehen unter die Haut.

Rettende Short Messages erreichten mich in Zeiten, als die Wellen über den Bug schlugen: Ein Freund schrieb: *You'll never walk alone* und ich wusste sofort wieder, dass Gott mir zur Seite steht. In einer Elektrise bat ich einen Freund um Gebet. »Es geht uns schlecht. Bitte bete für uns.« Postwendende Antwort: »Jesus stieg in das Boot und der Sturm legte sich.« Und genau das tat er. Als die Panik vor der Eröffnung von Sellawie überhandnahm, antwortete eine Freundin auf meine Notruf-SMS: »Wenn du durch tiefes Wasser oder reißende Ströme gehen musst – ich bin bei dir, du wirst nicht ertrinken.«

Solche Kurznachrichten kann ich mir wenn nötig auch

selbst senden. Sie stehen zuhauf in der Bibel. Glaube nennt man die künstlerische Freiheit, das Wort Israel mit dem eigenen Namen zu ersetzen: *»Hab keine Angst, Bianka, ich habe dich erlöst. Ich habe dich bei deinem Namen gerufen; du gehörst mir. Wenn du durch Wasser gehst, werde ich bei dir sein. Ströme sollen dich nicht überfluten! Wenn du durch Feuer gehst, wirst du nicht verbrennen; die Flammen werden dich nicht verzehren! Denn ich bin der Herr, dein Gott, der Heilige Israels, dein Heiland«* (nach Jesaja 43,1b-3a).

Wenn Gott uns Schweres zumutet, wird er uns selbst zur Zumutung. Es macht ihn uns wild, fremd und fern. Und doch, in all dem, naht er sich uns oft auf überraschende Weise. Wenn wir ihn am nötigsten haben, ist er da. Und das ist ein Glück. Wenn alle Stricke reißen, wenn meine Welt untergeht, wenn der Boden unter mir schwindet, bleibt als letzter Trost: Gott nahe zu sein ist mein Glück.

# Super getankt!

Ich fahre auf der Autobahn Richtung Heimat, als ein Licht aufblinkt: Der Tank ist leer. Werner wird sich freuen, wenn er nicht tanken muss vor der Fahrt zur Arbeit. Mit vollem Kopf und leerem Tank stelle ich mich in die lange Reihe, heute ist der Sprit einen Cent günstiger als sonst. Als ich endlich drankomme, guckt mich ein großer gelber Button an: »Wenn Sie sich nicht sicher sind, dass Ihr Auto Super E verträgt, tanken Sie lieber Super normal!« »Dann tanke ich lieber Super normal«, denke ich und tanke voll, dankbar, auch einmal ein Schnäppchen gemacht zu haben. Dreihundert Meter später bin ich zu Hause.

Am nächsten Morgen springt der Wagen nicht an. Erst verstehe ich es nicht recht, wir haben doch keinen Frost, das Auto ist noch keine fünf Jahre alt, fängt es schon an zu mucken? Träge beginne ich zu denken. Was ist anders als sonst? Ich habe getankt, das ist anders als sonst. Ich tanke dieses Fahrzeug nur ganz selten. Ich rufe Werner fragend zu: »Ich habe gestern Super normal getankt!?«

Werner kann es nicht fassen. Wir haben seit acht Jahren nur Dieselfahrzeuge. Wie verheerend die Folgen sein können, erfahre ich in den nächsten Sekunden: »Da hattest du aber einen gewaltigen Aussetzer! Das kostet uns womöglich zehntausend Euro! Wenn wir Pech haben, ist jetzt der Motor kaputt!« Ich fange an zu schwitzen. Das Auto muss abgeschleppt werden. Den ganzen Tag warten wir auf erlösende Nachricht. Wir müssen auch noch eine Nacht warten. Am Ende Begnadigung:

Nach der Kopfwäsche kostet es »lediglich« eine Motorwäsche, um den Wagen zu retten.

## Großhirn im Keller

Immer wieder quälen mich solche Aussetzer meines Großhirns, auf das ich mich gern verlassen können würde. Dann scheint mein Kurzzeitgedächtnis einfach ausgeschaltet, bisweilen auch das Langzeitgedächtnis, und ich schicke den Mann meiner Tochter in den Keller, um Eis aus der Kühltruhe zu holen, wo vor zehn Jahren zum letzten Mal eine Truhe stand …

Bei Gioacchino sehe ich neuerdings, wie ich älter werde. In dem erbarmungslosen Spiegel meines Friseurs entdecke ich jeden Schatten einer nahenden Falte. Gioacchino meint, das liege daran, dass man sich normalerweise keine halbe Stunde lang im Spiegel ansehe. Das stimmt allerdings. Ich sehe mich selbst so flüchtig an, dass ich bei Fotos von mir regelmäßig darüber erschrecke, wie wenig sie meinem gefühlten Selbstbild gleichen. Ich fühle mich schlanker, straffer, dunkelhaariger, freundlicher. Ich frage Gioacchino: »Was macht eigentlich deine Freundin beruflich?« Er erinnert mich daran, dass er mir gerade erzählt hat, dass er sie bei der Arbeit in einem Restaurant kennengelernt habe. Ich schlucke. Na ja. Solange ich nicht meinen langjährigen Friseur frage, was ER beruflich macht …

## Ewigkeitsgedächtnis

Ganz anders Gott. Mühelos erinnert er sich jederzeit nicht nur an mich, sondern auch an all die anderen Milliarden Menschen von gestern, heute und morgen. Sein unbegrenztes Auffassungsvermögen ist zu hoch für meinen begrenzten Verstand. Im Gegensatz zu meinem lächerlichen Kurzzeitgedächtnis hat mein Schöpfer ein Ewigkeitsgedächtnis, das sich nicht nur an alles erinnert, was war, sondern das bereits um alles weiß, längst bevor es eintritt. Wie gut, dass wenigstens einer auf diesem Planeten einen Plan hat und auf ihn Verlass ist ...

*Herr, du hast mein Herz geprüft und weißt alles über mich. Wenn ich sitze oder wenn ich aufstehe, du weißt es. Du kennst alle meine Gedanken. Wenn ich gehe oder wenn ich ausruhe, du siehst es und bist mit allem, was ich tue, vertraut. Und du, Herr, weißt, was ich sagen möchte, noch bevor ich es ausspreche. Du bist vor mir und hinter mir und legst deine schützende Hand auf mich. Dieses Wissen ist zu wunderbar für mich, zu groß, als dass ich es begreifen könnte!*

*Psalm 139,1-6*

# Wunschzettel

Als ich ein kleines Mädchen war, gehörte das Wunschzettelschreiben für mich zu den schönsten Beschäftigungen der Adventszeit. Ich wünschte furchtlos und groß. Ich schrieb in meiner allerschönsten Schrift die kühnsten Wünsche auf, die ich mir nur ausdenken konnte – und an Weihnachten konnte es sein, dass sie unter dem Weihnachtsbaum lagen. Ich hatte keinen Anspruch darauf, aber berechtigte Hoffnung. Mein Vertrauen war groß, dass ich nicht enttäuscht werden würde.

Da machte es gar nichts, dass das Puppenhaus nicht ganz identisch mit der schillernden Vorlage aus dem Kaufhaus war, sondern, wie man heute sehen kann, von vielbeschäftigten väterlichen Händen nach bestem Wissen und Gewissen nachgezimmert. Dass da dieselben Tapeten an den Zimmerwänden hingen wie in meinem Zimmer, zeigte nur, dass sich das Christkind gut in meinem Leben auskannte! Das Christkind hatte auch mit seinen zierlichen Händen eine kleine Lampe installiert, die tatsächlich auf Schalterdruck leuchtete, und auf einem winzigen Herd konnte ich – per Teelichthitze – in einem winzigen Töpfchen, dem häuslichen Kochgeschirr sehr ähnlich, echten Grießbrei kochen. Dazu nahm sich meine Mutter richtig Zeit. Die Sache mit dem Wünschen war wundervoll …

## Wünsche vergessen

Heute muss ich feststellen, dass sich mit dem Erwachsenwerden das Wünschen gleich mit ausgewachsen hat. Ich weiß nicht mehr, an wen ich meine Wünsche richten soll. Ich bin jetzt selbst groß. Vereinzelt gehen Wünsche in Erfüllung, wenn ich sehr fleißig bin. Einige wage ich nicht einmal zu träumen. Andere habe ich vergessen. Manche schlummern unter der Oberfläche meines Lebens. In dem Maß, wie ich gelernt habe, mich zurückzunehmen, habe ich verlernt, auf meine Wünsche zu achten.

Wie geht Gott mit unseren Wünschen um? Seit ich Kinder habe, verstehe ich, warum Gott es so gern hat, gebeten zu werden. Wenn Gott unser Vater ist, dann liebt er es, wenn wir ihm mit unseren Herzensanliegen in den Ohren liegen. Meine Grenzen sind nicht Gottes Grenzen. Gott ist mit seiner Weisheit noch lange nicht am Ende, wenn ich mit meinen Gedanken stecken bleibe. Er hat Möglichkeiten, von denen ich nur träumen kann. Seit Weihnachten ist nichts mehr unmöglich.

*Meint ihr, Gott wird seine Kinder übersehen und ihnen ihr Recht versagen, wenn sie ihm Tag und Nacht keine Ruhe lassen?*

*Lukas 18,7; Hfa*

*Das Gebet eines gerechten Menschen hat große Macht und kann viel bewirken.*

*Jakobus 5,16b*

Gebet bewegt Gott dazu, Dinge zu tun, die er sonst nicht getan hätte. Bete ich schüchtern und fantasielos wie eine Frau, die das Wünschen verlernt hat? Oder bete ich kühn und wagemutig wie das kleine Mädchen, dessen Vertrauen in Gott und die Welt ungebrochen ist? Wir ehren Gott, wenn wir um große Dinge bitten! Gott hört nicht oberflächlich und zerstreut, so wie ich manchmal die Anliegen meiner Kinder wahrnehme. Er vernimmt jedes Gebet im tiefsten Grund seines Herzens.

*Durch die mächtige Kraft, die in uns wirkt, kann Gott unendlich viel mehr tun, als wir je bitten oder auch nur hoffen würden.*

*Epheser 4,20*

# Herzblut-Geschenke

Advent. Wie ein Ozeanfrachter, der mit hoher Geschwindigkeit unterwegs ist, braucht der Bremsweg seine Zeit. Als eine Freundin ankündigt, dass sie sich aus der freundschaftlichen Geschenketradition ausklinken und weder Geschenke machen wird noch welche bekommen möchte, setzt das in mir langsam, aber sicher einen Prozess in Gang. Auch ich will Zeit finden für diese besondere Zeit, mich einstimmen auf Weihnachten. »Lieber möchte ich mehr Zeit haben für Spontanes, Zufälliges, Menschen, die mich brauchen«, schreibt sie. »Freut euch mit mir über den Heiland der Welt, der bei uns ankommen und wohnen will.« Ein entlastender, weihnachtlicher Gedanke. Das ist frivol, mutig, erwachsen, frei. Darf man das? Will ich das?

Ich verliebe mich in die Erlaubnis, das Schenken einzuschränken, um mich vom Leben beschenken zu lassen. In den kommenden Wochen nimmt mein Frachtschiff zwar äußerlich noch einmal ordentlich Fahrt auf, aber es gelingt mir doch, mich innerlich Richtung Weihnachten zu bewegen. Manchmal erwischt mich der Saum eines Ahnungszipfelchens von Gottes Liebe und Erbarmen. Mit jeder Kerze am Adventskranz darf es langsamer werden in meiner Seele. Ich nehme mir für mich vor, im November alle Geschenke minus das für meine Freundin eingepackt, alle Briefe geschrieben und die Festtage geplant zu haben. Einmal im Leben möchte ich den Dezember freihalten von diesen liebenswerten, aber zusätzlichen Aufgaben.

Vor zwei Jahren hatte sich meine Freundin schon entschieden, nur noch Zeit zu verschenken. Ein gemütliches Frühstück, ein Kinoabend, eine Wanderung mit Einkehr, Eintrittskarten für ein Konzert, ein Einkaufsbummel im Second-Hand-Laden, ein leckeres Menü mit literarischen Kostproben – Liebe setzt Fantasie frei. Eine andere Freundin hat vierundzwanzig Briefe geschrieben an Menschen, die ihr viel bedeuten.

Obwohl ich all das bedenkenswert finde – nichts schenken, nichts Gegenständliches schenken, gute Worte schenken – wird mir bewusst, dass ich es liebe, Geschenke zu machen, je näher der Mensch, umso lieber. Das ganze Jahr über notiere ich mir heimlich kleine Andeutungen, damit ich kleine Herzenswünsche erfüllen kann, wenn es so weit ist.

Bei Werner laufe ich damit ins Leere. Er braucht keine Geschenke. Er wirkt irritiert beim Empfangen, peinlich berührt beim Auspacken und erleichtert, wenn es überstanden ist. Weil er sich beim Verschenken genauso quält, haben wir das alles gleich im ersten Jahr unserer Beziehung eingestellt. Mir fehlt zwar beides, das Schenken und Beschenkt-Werden, aber ich habe gelernt, in Werners Liebessprachen zu denken und seine Geschenke wahrzunehmen – er sorgt regelmäßig für schöne Zeiten zu zweit, er hilft mir aus jeder Notlage heraus, unterhält sich gern mit mir und macht mir die schönsten Liebeserklärungen – er füllt meinen Tank auf andere Weise.

Gott tut sich leicht mit dem Schenken. Seine Geschenke sind persönlich, liebevoll, sinnvoll, praktisch, ästhetisch. Manchmal schenkt er mir kleine Aufmerksamkeiten. Es kann z.B. sein, dass er mir trotz Schlechtwetterprognose dreier Wetterdienste einen Sonnentag schenkt, weil das für mich genau an dem Tag ausschlaggebend ist. Und das ist wirklich noch eine Kleinigkeit für ihn. Ich kann die Gänsehautmomente, die ich in seiner Schöpfung erlebt habe, nicht mehr zählen. Jedes Jahr zu meinem Geburtstag schenkt er mir einen neuen Frühling. Den Mann fürs Leben hat er mir geschenkt. Drei Kinder. Geduld und die Fähigkeit, zu vergeben. Er schenkt mir Gaben, die mich und andere froh machen. Er hat mir Heilung von einer lebensbedrohlichen Krankheit geschenkt, einen Ausweg aus einer tiefen Lebenskrise, eine Freundin, die klingelte um mich zu massieren, nachdem ich gerade verzweifelt gebetet hatte »Jesus, berühre mich«. Gottes Großzügigkeit ist grenzenlos.

Wer sein Herz in ein Geschenk hineinlegt, verschenkt sich selbst. Gott beschenkt seine Kinder mit Liebe, Gnade, Frieden, der alles Verstehen übersteigt, Kraft der Vergebung, ewigem Leben. Er schenkt uns ein neues Herz und einen neuen Geist, innere Freiheit, Weisheit, Versöhnung, Lebensfreude, Sinn, ewige Heimat. Herzblutgeschenke!

Als Gott Mensch wurde, hat er sich schließlich selbst verschenkt. Der Schöpfer hat sich uns anvertraut und dafür einen hohen Preis in Kauf genommen. Als Jesus sich für uns in den Tod gab, überließ Gott seinen Geschöpfen als letztes Geschenk seinen Geist.

Weihnachten – eine wertvolle, wiederkehrende Erinnerung daran, was Gott uns schenkt. Ich liebe und hege diese liebenswerte Geste des Schenkens.

Als junge Frau suchte ich verzweifelt nach dem Sinn des Lebens. Ich betete zu dem unbekannten Gott: »Ich würde so gern an dich glauben, aber ich kann einfach nicht«. Da fiel mir ein Satz ein, den ich als Kind in der Kirche oft gehört hatte: »Der Glaube ich ein Geschenk. Du musst es nur annehmen.« In diesem Moment riss der Nebelschleier und ich glaubte. Nicht ich hatte mich bekehrt, Gott hatte mir Glaube geschenkt. Unsere Lebenssehnsucht rührt an Gottes Herz.

Seit ich dieses Geschenk des Glaubens angenommen habe, erlebe ich einen Frieden, eine Lebendigkeit und Tiefe, von der ich vorher nicht einmal ansatzweise etwas ahnte.

*Mit ihm hat er uns alles geschenkt: Er ist unsere Weisheit – die wahre Weisheit, die von Gott kommt.*

*1. Korinther 1,30; GN*

*Immer und immer wieder haben wir den Reichtum seines Segens empfangen.*

*Johannes 1,16*

# Endverbraucher

Als ich nachmittags ins Sellawie komme, ist alles anders. Die Musik schweigt. Das Telefon ist ungewöhnlich still. Außer Kerzen gibt es keine Lichtquellen. Die Heizung ist aus, der Computer ist aus, ebenso Faxgerät und Kopierer. Die Kasse geht nicht mehr. Die Kaffeemaschine macht keinen Mucks, Backofen und Spülmaschine streiken. Stromausfall im Sellawie – *rien ne vas plus*! Die Ursache, so der Stromlieferant am Handy, sei ein verletztes Stromkabel durch einen Hausabbruch, und ich erfahre, dass es dauern kann.

Es ist schummrig, umständlich, still. Nach der ersten Ratlosigkeit versuchen wir zu improvisieren. »Dann backen wir eben Waffeln – äh, geht auch nicht …« Die Kunden trinken Kaltgetränke und tasten sich mit Handy-Taschenlampen durch den Laden. Falls sie etwas finden, kassiere ich mit Taschenrechner und notiere alles auf einem Stück Papier. Berechtigte Erkenntnis aus allen Ecken, wie beängstigend abhängig wir vom Strom sind.

Auf einen Schlag fährt Leben in alle Steckdosen. Ein starker Moment! Licht – Jubel! Heiße Schokolade – Jubel!! Argentinischer Tango aus der Röhre – Applaus! Das Telefon – Freudenschrei! Internet – entspanntes Lächeln. Endlich wieder eine Verbindung zur Außenwelt.

Diese halbtägige Kargheitserfahrung setzt einen Prozess in mir in Gang. Immer wieder stellt sich mir die Frage, was wirklich nötig ist. Es beginnt damit, dass ich keine Lust habe, an meinem freien Tag einkaufen zu gehen. Zwar fehlt einiges, aber es ist auch noch viel da. Ich falle unter die Rubrik »Verbraucher«, »Endverbraucher« gar. Na, dann möchte ich einmal wirklich alle Lebensmittel, die in unseren Schränken ihr Dasein fristen, zu Ende verbrauchen. Es folgt eine suboptimale, fantasieanregende, experimentelle Küchenphase. Unglaublich, was man mit letzten Gemüseresten noch für feine Gerichte zaubern kann!

Der Kühlschrank leert sich zuerst, dann geht's ans Eingemachte. Anfangs noch elegant, wird Kochen allmählich anspruchsvoller. Aber da sind immer noch Knoblauch, Zwiebeln und getrocknete Kräuter, womit sich fast alles verzaubern lässt. Ich krame den Brotbackautomat hervor, verbrauche endlich diverse Brotbackmischungen und finde genug Trockenhefe, um auch danach weiter Brot zu backen. »Unser täglich Brot gib uns heute …« Kommt es mir merkwürdig vor, um etwas zu bitten, das ich jederzeit beim Bäcker um die Ecke kaufen kann? Danke ich wenigstens noch für mein täglich Brot? Das letzte Glas Oliven mit Knoblauch mundet hervorragend zu geröstetem Brot. Brot mit Kräuterdipp, gekauft und nie angerührt – ein Gedicht. Tomatenbrot, Erinnerung an meine Kindheit. Endlich wage ich mich an die Quinoa-Pfanne aus der Tüte, sie harmoniert erstaunlich mit dem Kürbis, der als Deko vor der Tür stand. Als spontane Gäste kommen, finde ich in der immer übersichtlicher werdenden Kühltruhe Meeresfrüchte. Eine Dose Kokosmilch und Reis dazu und wir sind gerettet.

Ich verbrauche den Milchreis mit Dosenobst für tröstliche Abendmahlzeiten, schwenke die letzten Spaghetti mit Erdnüssen in viel Olivenöl und Chili, ernte Beifall für ein exotisches Süppchen mit einem verschrumpelten Stück Ingwer, Orange und einer Handvoll Suppengemüse. Verbrauchen macht Spaß!

Es macht froh, bewusst mit Ressourcen umzugehen. Froh zu sein bedarf es wenig ... Ein Kanten Parmesan, fein gehobelt, an Hochzeitsnudeln mit einer einsamen Lauchstange – ich beginne mich zu fragen, wie der Großteil der Menschheit sich ernährt. Mir fallen Jesu Jünger ein, die unterwegs Ähren des Feldes aßen.

Ich könnte mal eine Saison lang kein neues Kleidungsstück kaufen, stattdessen kreativ spielen mit dem, was da ist. Und danach verschenken, was ich in dieser Zeit nicht getragen habe. Wenn ich vor einem vollen Kleiderschrank stehe mit dem Gefühl, nichts anzuziehen zu haben – stimmt dann mit meinem Kleiderschrank etwas nicht oder mit meiner Haltung?

Einkauffasten ... Mal genauer hinschauen. Macht es für die Welt einen Unterschied, was ich als Mensch tue? Für mich auf jeden Fall. Ich kann die Fülle um mich herum neu wertschätzen, wenn ich übe, mich zu beschränken. Freiheit der Genügsamkeit – weniger ist mehr. Gott möchte mich frei machen von Haben- und Seinwollen. Er möchte meine Sehnsucht stillen. Er meint es ernst, wenn er sagt: »Lass dir an meiner Gnade genügen. Dir wird nichts mangeln. Ich gebe dir Leben in Fülle!« Ich bitte Gott, mir den Geist der Genügsamkeit in mein Leben zu schenken. Ich habe – genug. Ich bin – genug. Ich genüge.

# Hand in Hand mit Gott

*[...]*
*An uns ist es,*
*in winterlicher Zeit uns*
*eng um das Feuer zu scharen*
*und den gefrorenen Acker*
*in Treue geduldig zu hüten.*

*Andere vor uns haben gesät.*
*Andere nach uns werden ernten.*
*[...]* [14]

Eigentlich wollten Werner und ich auswandern. Amerika oder Frankreich. Vorübergehend zogen wir in mein Heimatdorf, weil es günstig zwischen meiner und Werners Arbeitsstätte lag. Drei Kinder später hatten wir Wurzeln geschlagen. Wir renovierten ein altes Häuschen mit kleinem Garten und sehnten uns nach einem Stück Land, das wir gestalten und worauf wir mit den Kindern unsere Freizeit verbringen konnten. Uns schwebte ein gewachsenes Freizeitgrundstück mit Steinhaus, altem Baumbestand und romantischen Winkeln vor, ein unbezahlbarer Traum. Werners Opa hatte ihm die Liebe zu Kleintieren und Gartenbau vererbt, und ich erbte eines Tages Omas Acker, ein großes Stück Land inmitten von Monokultur.

Oma war Kriegswitwe und hat auf diesem Acker um ihr Leben gearbeitet. Mit ihrer Hände Arbeit hat sie das Überleben ihrer vier Töchter und Schwiegereltern gesichert. Ein starkes Bild, an das ich oft denke, wenn ich auf diesem Stück Land arbeite:

Vier Töchter, die zwei jüngsten rechts und links an ihrer Seite, so haben sie sich vorwärtsgearbeitet. Wenn die ewiglange Furche zu Ende gebracht war, drehten sie um und arbeiteten sich zurück, bis die Sonne unterging. Schule war untergeordnet. Diese Erzählung hat mich früh gelehrt, dankbar dafür zu sein, dass ich zur Schule gehen durfte und meine Eltern sich um unseren Lebensunterhalt kümmerten. Auch wir haben in den folgenden Jahrzehnten dort Obst und Gemüse angebaut, aber ohne den Druck, davon leben zu müssen. Es war Arbeit und Spiel. Mit dem Acker erbte ich ein Vermächtnis. Amerika, Frankreich – »Warum denn in die Ferne schweifen, wenn das Gute liegt so nah?«, höre ich Oma sagen. Wir waren jung, aber in Werner kam schon damals zum Vorschein, was er bis heute geblieben ist: ein Vordenker, ein Visionär, ein fleißiger Arbeiter und großer Genießer unter dem Herrn. Das Stück Erde, das wir erbten, war wüst und leer, aber er sah schon das Paradies vor sich, das daraus entstehen würde. Jahrzehnte körperlicher Arbeit (überwiegend von Werner), Wind und Wetter, unzählige Setzlinge und gutes Saatgut haben aus Omas Rübenacker eine Oase geschaffen. Inmitten bäuerlicher Monokultur ist ein grüner Flecken entstanden mit Sträuchern, Bäumen, Hängematte, Obstbaumallee, Beachvolleyballplatz, Feldtoilette, Holzlagerplatz, Brunnen, Hütte, Nistkästen und viel Wiese.

## Urbar

Anfangs war der Acker ein leerer Raum voller Ideen und Träume. Genauer gesagt eine Wildnis, überwuchert von Saumilben, einem Unkraut, das seinem Namen alle Ehre macht. Wir rückten ihm in mühsamer Handarbeit zu Leibe. Blut, Schweiß und Tränen – es war Schwerarbeit, das ehemals fruchtbare

Ackerland neu zu kultivieren. Als Bauernenkeltochter hatte ich leider kein Know-how geerbt. Wir lernten die Bedeutung der Wörter »Unkraut«, »Ungeziefer« und »Pflanzenkrankheiten« buchstabieren, die Disteln und Dornen des Ackerlebens.

Die Natur des Unkrauts hat ja fast etwas Rührendes in ihrem Überlebenswille. Hal Borland schreibt darüber: *»Man kämpft das ganze Wochenende mit dem Löwenzahn, und da, am späten Montagnachmittag, ist er überall keck wieder da, in voller, wunderschöner Blüte, über alle Maßen hübsch, und gedeiht, wie es nur Löwenzahn im Angesicht der Not tun kann.«* Ich begann, den Löwenzahn zu lieben. Er zeigt den fruchtbaren Boden an, leuchtet sonnengelb, verblüht in filigraner Schönheit und erhebt sich über die Erdenschwere, um davonzufliegen. Wunderschön. Meine Hängematte schwebt über einer Löwenzahnwiese.

Aller Anfang ist schwer. Wir lasen Gartenbücher, fragten alte Nachbarn aus und legten los. Erste Basislektion: Grund bereiten! Guter Nährboden ist die Voraussetzung für gute Frucht, und das braucht Zeit und Geduld. Es hat Spaß gemacht, die ersten Samentütchen, Setzlinge und Saatkartoffeln einzukaufen. Was mich völlig verblüffte, war das Eintreten der ersten Kartoffelkäfer – wie hatten sie herausgefunden, dass nach jahrzehntelanger Getreidemonokultur hier zwei Beete Kartoffeln angepflanzt wurden? Ich bekam enormen Respekt vor dem Wissen meiner Großmutter und dem Netzwerk von Insekten!

Wie in den Gartenzeitschriften sah unser Acker nicht aus. Aber hier und da entstanden lauschige Ecken. Wir hegten und pflegten – aber wo auch immer wir die mühsam geschaffene Ordnung sich selbst überließen, verfiel sie wieder dem Chaos. Der Acker spiegelte schonungslos wider, wie viel Zeit, Mühe und Liebe wir in ihn investierten. Beziehung braucht kontinuierliche Zuwendung. Ohne Liebesmüh keine gesunden Beziehungen. Das Ackern wurde mir zum Sinnbild für mein Beziehungsleben als Partnerin, Mutter, Freundin und Kind Gottes.

## Bäume

All die Jahre hat Werner Baum um Baum gepflanzt und damit eine Oase erschaffen auf Omas Rübenacker. Als eine Freundin aus der Krabbelgruppe wegzog, schenkte sie mir einen Ahornsetzling in einem Joghurtbecher. Ich pflanzte ihn ohne großen Glauben in einen Blumentopf. Das war der Anfang. Auf der Buchmesse erhielt ich von einem Verlag, der Bücher über seltene deutsche Bäume veröffentlicht, einen Setzling eines seltenen deutschen Baums. Beide landeten als Experiment auf unserem Acker. Heute spenden sie Schatten für unsere Feste! Im Hühnerstall ging ein Samen auf, den die Hühner verschmähten. Aus den zwei kleinen Trieben, die wir einpflanzten, entstand im Laufe der Jahrzehnte eine große, zweistämmige Birke. Es hat einen Zauber, älter zu werden und mit den Jahren mitzuerleben, wie die Vegetation sich entfaltet. Das Großwerden unserer Bäume erinnert mich daran, dass mein Leben in aller Ruhe einem Ziel entgegenreift.

Für jedes Kind, das uns geschenkt wurde, haben wir einen Obstbaum gepflanzt. Für unser erstes Enkelkind wünschte sich unsere Tochter eine Birke. Wir kämpfen darum, dass das Bäumchen Dürre, Überschwemmung und Maikäferplage überlebt. Zu meinem fünfzigsten Geburtstag schenkte Werner mir meinen Lieblingsbaum, eine Platane. Sie wächst sehr langsam und ich begreife allmählich, dass ich wohl niemals im Schatten ihrer Krone sitzen werde. Aber vielleicht meine Enkel. In mir wächst das Wissen alter Bauern, dass man große Bäume für die nächste Generation pflanzt. Wir leben über uns hinaus auf die Zukunft ausgerichtet. Manch ein Baum hat uns nicht überlebt. Es hat mir leid getan, dass wir den Quittenbaum fällen mussten, weil er eine ansteckende Pilzerkrankung hatte. Meine Schwiegermutter liebte es, uns aus seinen Früchten Gelee zu kochen. In seinen Jahresringen zeichneten sich die fetten, mageren und stürmischen Jahre ab, ein Spiegel gelebten Lebens. Auch an uns geht das Leben nicht spurlos vorüber. Wir nehmen zu an Alter, und wenn es gut läuft auch an Weisheit. Immer wieder ziehen die großen Rhythmen des Lebens über uns hinweg. Den Bäumen gleich wachsen und reifen wir dem Himmel entgegen.

Werner hat für Bäume eine besondere Leidenschaft entwickelt. Im Laufe der Jahre hat er auf dem riesigen Grundstück eine wunderschöne Obstbaumallee angepflanzt. Als er zum Diakon ernannt wurde, stellte ein Ältester, der mit ihm zusammen im Wald Holz macht, Jeremia 17,7 über seine Arbeit: *»Aber Segen soll über den kommen, der seine ganze Hoffnung auf den Herrn setzt und ihm vollkommen vertraut. Dieser Mann ist wie ein Baum, der am Ufer gepflanzt ist. Seine Wurzeln sind tief im Bachbett verankert: Selbst in glühender Hitze und monatelanger Trockenheit bleiben seine Blätter grün. Jahr für Jahr trägt er reichlich Frucht«* (Jeremia 17,7-8). Er hätte kein besseres Bild für Werners Glauben finden können. Sowieso ist die Tätigkeit, ein Samenkorn in die Erde zu versenken ein starkes Gleichnis für Glaube. In jeden neuen Baum hängt Werner einen Nistkasten. Als wir den Acker erbten, gab es dort keinen Vogelgesang. Heute ist der Ort eine Insel für die unterschiedlichsten Vogelarten.

# Schöpferische Arbeit

*Am Anfang ist ein Garten nicht mehr als ein Raum voller Ideen*
*und Träume. Der Gärtner ist frei, den Grundton zu wählen, in*
*dem sein Garten erklingen soll. Er wählt den Rhythmus, in dem*
*Licht und Schatten aufeinandertreffen, das Zusammenspiel von*
*Gerüchen und Farben, von Blattwerk und Blüten.* [15]

*Julia Kospach*

Nichts speist die eigene Mitte so sehr wie schöpferische Arbeit.
In meinem Garten bin ich ganz bei mir, abgeschirmt von all dem
Drumherum, das mich in Beschlag nehmen will, dem geschäftigen Tun, den Kreuz-und-quer-Gedanken. Hier bin ich Mensch,
hier kann ich sein. Nie verliert ein Gartenjahr an Faszination. Ich
liebe es, alles um mich herum zu vergessen beim Gärtnern. Das
sind intensive Stunden voller Vorfreude und Hoffnung.

Gibt es ihn, den vollkommenen Garten? In meinem wirk-
lichen Leben jedenfalls nicht. Spiegeln unsere Gartenträume
von Pracht und Vollkommenheit vielleicht eine tiefe Sehnsucht
nach dem Paradies-Garten, ein in uns verwurzeltes, ahnendes
Wissen? Zeugen sie nicht von einer verborgenen Ahnung von
Gottes heiler Welt? Der Name Eden leitet sich von dem heb-
räischen Wort für »Wonne« ab ...

Das Erste, was Gott tat, nachdem er den Menschen erschaffen hatte: Er legte einen Garten an! Ich liebe es! Er
wusste, was wir am dringendsten brauchen: einen umgrenz-
ten Raum, zum Himmel hin offen. Einen Ort, wo sinnvolle
Arbeit und Muße möglich sind, Genuss, Vielfalt, Nahrung
und Erholung – einen Lebensraum. Einen Garten anzule-
gen bedeutet, Hand in Hand mit Gott zu arbeiten. Wir tei-

len diese schöpferische Tätigkeit mit dem Gärtner des Ursprungs. Wir können den Boden bereiten, säen, düngen, hegen, wässern – wachsen lassen kann nur Gott. Wenn ich auf dem Acker gestaltend tätig bin, kann ich nur ahnen, welche Freude Gott hatte, unseren ersten Wohnraum im Freien zu entwerfen.

In Erde wühlen, Wind und Wetter fühlen, barfuß gehen – Gartenarbeit steckt voller sinnlicher Erfahrungen und ersetzt das Fitnessstudio. Das Wunder der Verwandlung von Samen in eine Pflanze, in eine Blume, eine Frucht, in Farbe und Duft, das sich Jahr für Jahr vor meinen Augen vollzieht, verleiht dem Gärtnern Sinn und tiefe Befriedigung. Ein Stück Land zu gestalten gehört für mich zu den schönsten Herausforderungen an Fantasie, Kreativität, künstlerischer Gestaltung, Kraft und Durchhaltevermögen. Es ist das Gegenteil von Langeweile. Ich bin ganz bei mir, fern von allem, was mich in Beschlag nehmen will, dem geschäftigen Tun, dem Kreuz-und-quer-Denken. Der Garten ist der Ort des Gedankenwechsels. Sein langsames Lebenstempo überträgt sich auf mich.

## Ernte einfahren

In Prediger 2,24 lesen wir: *»Es gibt nichts Besseres für den Menschen, als sich an dem zu freuen, was er isst und trinkt, und das Leben trotz aller Mühe zu genießen. Doch ich erkannte, dass auch das ein Geschenk Gottes ist«.*

Wenn man zwei Jahreszeiten lang die Erde beackert, gewässert und gedüngt, Unkraut gejätet und Schädlinge bekämpft, Triebe gestutzt, vereinzelt, hochgebunden, Schösslinge angehäufelt oder umgepflanzt, Zäune, Gartengeräte und Brunnen repariert hat, bekommt man zu Nahrung einen anderen Bezug. Seit unserer ersten Saat- und Ernteperiode berührt mich dieses afrikanische Gebet: »*Herr aller Herrscher, Schöpfer aller Dinge, Gott der Sonne und des Regens, du hast die Erde durch einen Gedanken und uns durch deinen Atem geschaffen. Herr, wir haben die Ernte eingebracht. Durch deine Gnade kam Segen über Segen auf unser Land. Dein Lob steigt in uns auf wie ein großer Fluss.*«

Der Acker wurde unsere zweite Heimat. Ich kenne jeden Hügel am Horizont. Viele Jahre lang sind wir am Feierabend mit den Kindern zum Acker geradelt und haben dort viel gemeinsame Zeit verbracht. Während sie sich mit dem Schubkarren spazieren fuhren, Himbeeren naschten, Ball und Verstecken spielten, den Hund jagten, Blumenkränze banden, lasen, kuschelten, plauderten, ackerten wir.

Freunde wollten eine Blechhütte loswerden. Sie wurde unser Geräteschuppen. Bei einem Hausabbruch ergatterten wir Natursteine, mit denen Werner eine Trockenmauer und eine Feuerstelle baute, danach bohrten wir einen Brunnen. In den sandigen Boden mussten wir fünfzehn Meter tief Rohr um Rohr mit einem riesigen Hammer ins Erdreich treiben. Wir organisierten einen alten Bauwagen, aber eine Woche später machte eine Anzeige der Jägervereinigung meinem Glück wieder ein Ende – so viel umbauter Raum stand der Hasenjagd im Weg und war verboten … Irgendwann bekam Werner einen Traktor. Der Hund saß vorne, die Kinder auf dem Anhänger und los ging's über Wald und Feld. Welch ein Vergnügen! Wir machten Holz im Wald, sägten es und stapelten es auf dem Acker, ein alljährliches Familienunternehmen. Wie oft man ein Stück Holz in die Hand nehmen muss, bis es im Ofen behagliche Wärme spendet! Viele Lebenslektionen in Bezug auf Fleiß und Ausdauer, Saat und Ernte.

Anfangs teilten wir unser Stück eingezäuntes Gartenland mit anderen. Wir lachten über meinen Bruder, der Kartoffeln aussäen wollte. Wir lachten über Freunde, die zwar Saatkartoffeln steckten, sich dann aber ein halbes Jahr lang nicht mehr blicken ließen und zur Erntezeit mit großen Körben anrückten. Ungeziefer und Dürreperioden hatten inzwischen ganze Arbeit geleistet. Als die ersten Kartoffelkäfer kamen, verging uns das Lachen. Noch heute wundere ich mich darüber, wie schnell sie herausfanden, dass nach zwanzig Jahren Getreide-Monokultur zwei Feierabendbauern drei Beete Kartoffeln angelegt hatten. Was für eine Spürnase, was für eine Bevölkerungsexplosion! Aber die dümmsten Bauern ernten doch die größten Kartoffeln – Anfängerglück war ein schönes Startkapital. Es machte großen Spaß, alles auszuprobieren. Wir entdeckten, dass jedes Gemüse seinen Feind hat und jeder Gemüsefeind wiederum seinen Gegner. Es war Knochenarbeit. Es war ein Ringen um die Ernte. Und die war ein Fest!

Arbeit und Vergnügen sind im Garten kaum auseinanderzuhalten. Es gibt wenig Schöneres als unter freiem Himmel zu sitzen und selbstvergessen Berge von Gemüse zu versorgen. Erfolg und Misserfolg liegen dicht beieinander. Unsere ersten Salate wurden von Hasen gefressen. Wir bauten einen Zaun. Und neue Salate an. Wir lernten, dass Kohl auf sandigem Boden schlecht gerät, Möhren umso besser. Der einzige Weißkohl, den wir durchbrachten, war eines Tages fein säuberlich mit einem Messer abgetrennt worden, ein herber Verlust. Ich fragte mich, wie Oma in »teuren Zeiten« ihre Frucht vor Dieben retten konnte.

Gartenweisheiten begannen, lebendig zu werden: »Das Jahr geht weiter, und ehe man sich's versieht, ist für die Tulpen, die man im Herbst nicht gesetzt hat, die Zeit gekommen, nicht zu blühen.« »Ohne Fleiß kein Preis« »Man erntet was man sät!« Wie oft habe ich sie auf Beziehungen übertragen: Boden bereiten, immer wieder von Neuem gute Saat ausbringen, demütig auf Gottes Gnade hoffen, dankbar Ernte einfahren … Der Acker war ein idealer Ort für die Pflege von Beziehungen. Manche Freunde probierten sich mit uns beim Gemüseanbau aus. Nur meine Schwiegermutter ist dabeigeblieben. Seite an Seite wühlten wir uns durch die Erde. So trafen wir uns regelmäßig und unkompliziert. Heute sind das wertvolle Erinnerungen.

> *»Die Ernte eines Lebens liegt nicht nur in den goldenen Früchten, die in den Gärten reifen; sie liegt auch in der Einsicht in das Gesetz, nach dem unser Leben sich vollzieht, das Gesetz, das Gott gestiftet hat und das vor Gott gilt. Werk und Tat, Plan und Erfolg verlieren ihre aufgeblasene Wichtigkeit. Die Kraft wendet sich nach innen, und es geht ums Durchhalten mit anderen, für andere. Ums Helfen, Stützen und Dabeisein.«*[16]
>
> *Jörg Zink*

Wir wurden ein beliebtes Ausflugziel für Fahrrad fahrende Bekannte, die gern eine Pause bei uns einlegten. Unzählige Feste haben wir dort gefeiert, viele glückliche Stunden mit wenig Aufwand erlebt. Wie oft haben wir hier mit den Kindern gezeltet. Jahrzehntelang haben wir am 1. Mai ein Fest für Freunde und Gemeinde ausgerichtet. Es war so einfach, beides zu verbinden. Am Vorabend gab es Lagerfeuer mit Gesang. Die Kinder übernachteten mit ein paar Vätern in Zelten, ich brachte Frühstück, dann kamen die Gäste. Ich war jedes Mal berührt, wie viele Menschen sich einladen ließen, fröhlich miteinander feierten und spielten. Dabei entdeckten Werner und ich, dass Gastfreundschaft unser Lebenselixier ist.

## Wonne

Ein paar Stunden auf dem Acker ist wie ein Kurzurlaub. Es ist ein friedlicher Ort. Oft sitze ich einfach so da und sehe vor mich hin, und dabei wächst mir neue Kraft zu. Im Sommer verlagert sich ein Teil unseres Lebens hierher. Ich liebe es immer noch, am Feierabend hierherzufahren. Gemüse bauen wir schon lange nicht mehr an, es passt nicht mehr in unser Leben. Aber picknicken, das passt noch. Eine Tischdecke, Wein aus dem Keller, knuspriges Brot, würziger Käse, herzhafte Wurst, Oliven, Tomaten, Trauben – kaum spricht einer von uns beiden die Idee aus, eine Brotzeit auf dem Acker zu machen, packe ich auch schon den Picknickkorb. Ich liebe Freilandvesper! Meine Fantasie reicht nicht aus, mir das Festbankett auszumalen, das mich im Himmel erwartet. Aber die gemütlichen Mahlzeiten unter freiem Himmel im Grünen sind für mich wie ein Wegweiser.

Wenn es gut läuft, macht Werner in der Dämmerung Feuer – seine ultimative Art, sich zu entspannen. Ich sehe ihm zu, wie er Holz aufschichtet und zum Brennen bringt. Die Flammen züngeln, schlagen lodernd hoch und gehen in tanzende Glut über. Ich werde es nicht satt, zu beobachten, wie die Holzscheite sich in der flackernden Hitze auflösen und die intensive Wärme zu genießen. Hier draußen will kein Mensch etwas von uns. In der Ferne schlägt die Kirchturmuhr. Störche fliegen heim in ihr Quartier, Käuzchen schreien, Nachtigallen singen, Grillen zirpen, Frösche quaken, Fledermäuse huschen durch die Luft und ich sitze und gucke, im Einklang mit mir, Werner, Gott und der Welt. Ich lese, döse, beobachte den Hund, der durch das benachbarte Maisfeld zieht, die untergehende Sonne, den aufgehenden Mond und Werner, der immer wieder Holz nachlegt und sich wie ein Schäfer auf seine Heugabel stützt. Wir reden immer weniger, hängen unseren Gedanken nach, sitzen still unter dem aufleuchtenden Sternenhimmel. Das sind zutiefst friedliche Abende. Wenn die Glut verglimmt, verlassen wir diesen heimatlichen Ort, ruhig und froh.

# Tanz der Generationen

Einst war ich ein Kind. Ich hatte eine Mutter und eine Oma. Dann war ich eine Mutter und hatte Kinder und eine Mutter, aber keine Oma mehr. Dafür war meine Mutter Oma geworden. Dann war auch ich eine Oma, hatte Kinder und ein Enkelkind, aber keine Mutter mehr. Dafür war mein Kind nun eine Mutter. Da soll man noch mitkommen ...

Werner ist der erste Großvater, den ich hautnah und bewusst miterlebe. An ihm entdecke ich, welche Rolle ein Großvater hat. Ein Vater mit Größe. Ein reifer, lebenskundiger Mann, der Zeit einbringt, Erfahrung, Gelassenheit, Stabilität, Glaube, Liebe, Zuversicht. Werner hat seine eigene Weise, sich dem neuen Spross der Sippschaft zu nähern. Er baut für ihn Sandkasten und Weidenhütten, pflanzt ihm einen Lebensbaum, macht mit ihm Lagerfeuer, stellt, was er schon immer wollte, endlich einen großen Pool in unserem kleinen Garten auf, kuschelt, beobachtet und redet.

Und mir wird bewusst, dass ich ein Großvaterloch in meinem Leben habe. Selbst wenn ich alle Erzählungen über meine beiden Großväter zusammenkratze, sind es reichlich wenig. Der erste fiel im Krieg lang vor meiner Geburt. Der zweite ließ seine Familie während des Krieges im Stich und existierte dem Namen nach, aber nicht in meiner Realität. Wie vielen Menschen meiner Generation geht es ähnlich? Neuerdings vermisse ich also einen Opa in meinem Leben. Was für einen Unterschied hätte es gemacht, wenn ich mit großväterlichem Segen aufgewachsen wäre? Dafür lebte Oma im Haus.

Ich brauchte nur ein Zimmer weiterzugehen und schon hatte ich eine Spielkameradin und loyale Anlaufstelle, wenn meine Eltern schwierig wurden. Sie hatte immer Lust auf Mühle und Halma, sie hatte immer Zeit, um mit mir zu reden, sie war mir immer wohlgesonnen. Oma war mir Seelenfreundin und hat meinen Glauben maßgeblich geprägt. Je älter ich werde, umso mehr entdecke ich ihre Spuren in meinem Leben.

Oma hat nie ihren Glauben und Humor verloren, obwohl früh ihre Lebensträume platzten und sie als Kriegswitwe allein vier Kinder und ihre alten Schwiegereltern durch die Hungerjahre bekommen musste. Wie oft habe ich das als Kind gespürt, wie oft habe ich von anderen gehört: »Sie hat nie ihren Glauben und Humor verloren«. Was für ein Untertitel unter ein Leben, welch ein Zeugnis!

Wie oft hat sie gebetet, als ich mich innerlich von Gott und meinem Elternhaus entfernt habe. Kaum auszumalen, was ihre Gebete bewirkt haben. Wie oft habe ich sie beten sehen, als sie sonst nichts mehr tun konnte. Duldsam lernte die tatkräftige Lebensanpackerin auch ihre letzte Lektion: Schwachsein, Loslassen, Gehen. Glaube, Humor und Gastfreundschaft sind Fußabdrücke, die Oma auf meiner Seele hinterlassen hat.

Als ich selbst Oma wurde, passierten drei Dinge: A) Ich freute mich tief und breit und innig. B) Ich fand den neuen Titel gewöhnungsbedürftig. C) Ich rückte im Familienstammbaum eine Generation weiter. Mir wurde klar, viel weiter würde ich nicht mehr kommen. Omawerden zeigte mir deutlich, wo ich stehe. Omas waren immer die alten Frauen. Größer als diese Irritation war die immense Freude, die in mein Leben trat durch mein erstes Enkelkind. Es war aufregend, Oma zu werden. Meine eigene Befindlichkeit rückte in den Hintergrund, wo sie hingehörte, und ich gewöhnte mich schnell an Titel und Rolle. Mein aktueller Titel lautet »Omabinki«. Mein Enkel hat meinen alten Spitznamen aufgeschnappt, mit dem mich mein Vater manchmal neckt. Ich will niemals mehr anders heißen als Omabinki! Es klingt zärtlich, voller Liebe und Vertrauen.

Auf dem Weg zu Omabinki hatte ich reichlich Zeit, über die Rolle von Großeltern nachzudenken. Erinnerungen an meine Mutter als eine Großmutter, die ihre Enkel hemmungslos herbeiliebte und viel Spaß mit ihnen hatte und an Oma, die immer Zeit und offene Ohren für mich hatte, wirkten in mir nach.

Mutti hatte immer Zeit für ihre Enkelkinder. Als ihre beiden ältesten für acht Monate nach Australien reisten, lernte sie ihretwegen das Mailen. Hemmungslos lud sie sie zum Wiedersehensspargelfest in ihren Garten ein.

Es ist wunderbar, Mutter zu sein. Es ist noch wunderbarer, Mutter und Großmutter zu sein! Meine Tochter macht es mir leicht, in meine neue Rolle hineinzuwachsen. Hermann van Veen sagte in einem Konzert: »Wenn ich gewusst hätte, wie schön es ist, Enkel zu haben, hätte ich mit ihnen zuerst angefangen!« So schön ist das.

Alles fängt nochmal von vorne an, aber ohne die Last der Verantwortung. Wieder diese bedingungslose Liebe, der Jubel über all die kleinen Fortschritte. Es ist die reine Freude. Ich lebe zwischen den Generationen. Während das Leben meines Vaters und Werners Mutter ständig kleiner wird, geht es bei meinem Enkelkind jeden Tag aufwärts. Der erste Zahn, der Kleine schiebt sich zum ersten Mal nach vorne, um ein Spielzeug zu ergattern, entdeckt den Geschmack einer Schupfnudel, untersucht amüsiert einen Eiswürfel, brabbelt wild lautierend drauflos. Der Urknall ist nichts dagegen! Ich erlebe nicht mehr die anstrengenden, ausschließlichen, begrenzten, zähflüssigen Kinderalltage und -nächte, die Sorgen und totale Selbstzurücknahme. Das muss ich auch nicht mehr haben. Ich darf kommen, unterstützen, genießen, mein Leben verlangsamen – und wieder gehen. Die Zeit mit meinem Enkel genieße ich, als gäbe es kein Morgen. Ich lasse alles stehen und liegen, was auch immer es ist, es kann warten. Abseits von Pflichten schenken wir uns unvergessliche Momente der Behaglichkeit. Nach jeder Begegnung bin ich angefüllt bis an den Rand mit Faszination und Enkelliebe inklusive anderthalb Stunden Nachgrinsen. Ich ahme meine Mutter nach und lade Kinder und Kindeskinder zum Spargelessen ein. Ich habe gelernt, dass ein kulinarisches Angebot die Familie um einen Tisch schart und dass nun ich dran bin, uns alle zu versammeln. Ich bin gespannt, wie Familie sich noch entwickelt. Uromabinki?

# Gott bewegt

*Invest in your hair. It's the only crown you never take off*

steht am Schaufenster meines Friseurs. Amüsiert öffne ich die Tür. Meine Frisur ist schon lange hinüber, für den Termin habe ich mir hoch motiviert freigenommen und bin mangels Auto die fünf Kilometer mit dem Fahrrad hergesaust. Meine Tage sind eng getaktet, angefüllt mit Aufgaben und Pflichten, und ich freue mich auf eine ruhige Zeit, die mich optisch weiterbringt. Und dann, kurz vor dem Ziel der Krönung, erfahre ich, dass ich einen falschen Termin erhalten habe und leider – große Zerknirschung seitens des Friseurteams – erst nächste Woche drankomme. Unverrichteter Dinge radle ich zurück, Haar und Laune zerzaust. Als Jan mich sieht, ruft er pflichtbeflissen: »Schöne Frisur, Mama!!«. Letztes Mal hat es Ärger gegeben, als er die radikale Änderung meiner Haare von lang auf kurz ignorierte. Er hat seine Lebenslektion gelernt! Werner kommt heim, pfeift anerkennend durch die Zähne und ruft bewundernd: »Wow!!«

Irritiert setze ich mich wieder aufs Rad. Es gibt Schlimmeres, aber ich brauche etwas Zeit, um den kleinen Paradigmenwechsel zu verdauen und habe keinen Plan, womit ich die überraschende Nische meines Tages füllen könnte. In mir ist Unruhe. Mir fehlt Nando. Vor zwei Monaten mussten wir uns von unserem alten Hundefreund trennen, seither war ich nicht mehr im Wald. Ich habe Sehnsucht nach Natur, Sehnsucht nach Gott. Am See atme ich auf, die Sonne schickt schräge

Strahlen über die Wiese, es duftet nach Heu. Ich bin ein Natur-Talent. Normalerweise geschieht bei mir Beten unter freiem Himmel wie von selbst. Aber auch mein Date mit Gott scheint auf nächste Woche verschoben. »Gott«, denke ich, »ich weiß grad gar nicht, wie ich zu dir beten kann. Wie ich dich finde, innerlich. Äußerlich.« So viele Gottesvorstellungen geistern um mich herum. So wenig Klarheit über den geheimnisvollen, verborgenen Gott. Ich entdecke einen schmalen Waldweg, der mir noch nie aufgefallen war und lande überrascht auf einer kleinen sonnendurchfluteten Lichtung. Zauberhafter Vogelgesang lässt mich innehalten. Hoch über mir sitzt eine Amsel in einer Pappel und trällert, was das Zeug hält. Für mich gibt es kaum ein schöneres Geräusch. Wobei Geräusch nur unzulänglich beschreibt, was sie zum Besten gibt. Gesang? Jubel! »Morning has broken like the first morning« kommt mir in den Sinn. »Blackbird has spoken like the first bird. Praise for the singing, praise for the morning. Praise for them springing fresh from the world.« Singt's und fliegt weg. Tiefe Ruhe breitet sich aus. Ruhe beruhigt. Allein schon der Klang des Wortes hat etwas Beruhigendes. Es erinnert mich an das hebräische Wort »Ruach« für den Geist Gottes.

In mir wird es nun wirklich ruhig. Bis die Stille von einem Rauschen unterbrochen wird. Ein plötzlich auftretender Wind hat die Pappel ergriffen, sie wiegt sich und tönt. Die überraschende Bewegung erinnert mich an die eigentliche, ursprüngliche Bedeutung von »Ruach«: Bewegte Luft. Als ich das zum ersten Mal gehört habe, war ich fast enttäuscht. Aber hier, mitten auf der Waldlichtung, trifft mich die freudige Erkenntnis: »Die Luft ist voller Gott!« Ich atme Gott, ich spüre Gott, ich kann ihm gar nicht ausweichen, ich bade in seinem

Geist. Gott ist überall. In jedem Windhauch, in jedem Atemzug. Um mich herum, in mir drin, alles ist durchwoben von Gottes Gegenwart. Eigentlich ist es kaum möglich, Gott nicht zu finden. Welch beruhigende Vorstellung!

Lange stehe ich da und freue mich am Wehen des Baumes, am fröhlichen Zuwinken Gottes. Eben noch sage ich »Gott, ich weiß nicht, wie ich zu dir sprechen kann« – und da spricht er zu mir.

Mehr noch als in meine Frisur möchte ich investieren in meine Sehnsucht nach Gott. Ein Leben lang will ich suchen nach dem Einen, der sie stillen kann. Gott ist der Hüter meiner Krone.

*Da sprach der Herr zu ihm: »Geh hinaus und stell dich auf den Berg vor den Herrn, denn der Herr wird vorübergehen.« Zuerst kam ein heftiger Sturm, der die Berge teilte und die Felsen zerschlug, vor dem Herrn her. Doch der Herr war nicht im Sturm. Nach dem Sturm bebte die Erde, doch der Herr war nicht im Erdbeben. Und nach dem Erdbeben kam ein Feuer, doch der Herr war nicht im Feuer. Und nach dem Feuer ertönte ein leises Säuseln. Als Elia es hörte, zog er seinen Mantel vors Gesicht, ging nach draußen und stellte sich in den Eingang der Höhle.*

*1. Könige 19,11-13a*

# Warum ich immer noch glaube oder warum ich keinen Grund habe, nicht an Gott zu glauben

Weil Gott für mich die einzig plausible Erklärung für mein Sein ist. Geschaffen zu sein erhebt mich aus der gefühlten Trivialität des Lebens und gibt ihm einen geheimnisvollen, verheißungsvollen Rahmen, den ich selbst ihm nicht geben kann.

Weil Gott mein Sinngeber ist – der, den ich früh zu suchen begann, der sich finden ließ, der einen sinnvollen Bogen um mein Leben spannt.

Weil Gott mein Ziel ist – der, der hinter allem Zerbruch, Irrtum, Schmerz, aller Unsicherheit und Zerbrechlichkeit Bestand hat.

Weil Gott mein Trost ist. In all seiner Unsichtbarkeit, Unbegreiflichkeit, Unverfügbarkeit ist er der, der erhält, beisteht und einen Frieden schenkt, der all mein Verstehen übersteigt. Darin begegnet er mir am erkennbarsten.

Weil Gott der ist, der bleibt, wenn alles schwindet. Ruhig und groß war er bei mir in der Nacht auf der Intensivstation, als niemand wusste, ob mein Leben endet oder weitergehen wird. Mit Liedern begegnete er mir in den Untersuchungsröhren, mit Bildern an den Wänden der Warteflure sagte er mir: Du bist nicht allein. Gott ist wirklich ebenso ungreifbar wie zuverlässig. Ich lag da, konfrontiert mit etlichen düsteren diagnostischen Möglichkeiten und wartete elend lang im kalten Flur auf eine belastende Untersuchung. Lange Zeit hatte ich die Augen geschlossen. Dann kam mir ein Gedanke: »Ich gehe diesen Weg allein, aber rechts und links von mir stehen meine Weggefährten, wie eine Allee. Ich bin nicht allein.« Dann dachte ich: »Ich könnte mal die Augen öffnen, ob Gott vielleicht durch ein Bild an der Wand zu mir sprechen könnte, es könnte ja sein.« Ich öffnete die Augen. Vor mir hing ein Bild von Monet. Ein Mädchen läuft allein durch eine Allee von Sonnenblumen …

Weil Gott der einzig wirklich sichere Zufluchtsort ist. Meine Hoffnung kleidet mein Leben aus und nimmt ihm die Schärfe. In keiner Krise muss ich verzweifeln, in jeder Durststrecke habe ich ein Gegenüber, dem alle Macht gegeben ist.

Weil Gott außerhalb von Raum und Zeit ist und ihm das Unvorstellbare möglich scheint, ohne dass ich es verstehen muss: Dass er immer überall ist und eingreifen kann.

Weil Gott neben seiner Wildheit und Unbegreiflichkeit faszinierend und anziehend bleibt. Immer wieder entdecke ich die Bibel neu, immer noch spricht Gott darin zu mir, wenn ich ihn dort suche. Nie wird es langweilig mit ihm. Ich plane – und er wirft alles über den Haufen, weil er eine andere Idee hat. Ich greife ins Leere – und er gießt Segen in meine Hände. Vor zwei Jahren haben wir unser Ladenprojekt »Sellawie« gegründet, einen Ort der Begegnung in meinem Wohnort. Hier erlebe ich Gott neu als den, der Segen ausschüttet ohne Maß. Was wir erleben, war in dieser Dimension für mich unvorstellbar. Wir haben große Hoffnung in das Projekt gesetzt und unsere Rechnung nie ohne Gott gemacht, aber viel vorsichtiger. Menschlicher. Ich konnte mir so eine Bestätigung in meinen kühnsten Träumen nicht erhoffen. Gott ist größer. Er kann uns beschämend beschenken.

Weil Gott alternativlos ist. *»Herr, zu wem sollten wir gehen? Nur du hast Worte, die ewiges Leben schenken«* (Johannes 6,68). *»Ich glaube! Aber hilf mir, dass ich nicht zweifle«* (Markus 9,24).

Jüngerworte, die mich abholen. Der fragende, leugnende Petrus, der zweifelnde Thomas – ich bin in guter Gesellschaft. Ich mag es, Teil von Gottes chaotischer Familie zu sein. Ich leide auch immer wieder an dieser Familie, bin enttäuscht oder schäme mich. Aber viel öfter bin ich beschenkt durch diese globale Gemeinschaft von Geschwistern, die mit mir denselben Vater lieben. Unvergesslich eine Begegnung mit einem evangelisierenden Christen auf einem niederländischen Campingplatz, der mir auf meinen Versuch, die Sache abzukürzen, um den Hals fiel und jubelte: »Dann sind wir Swestern!!«

Weil Gott der Begegnende ist. Ganz vereinzelt im Leben hatte ich eine Gottesbegegnung wie Mose vor dem brennenden Dornbusch. Meistens zehre ich einfach von dem Frieden, den Gott mir schenkt, seit der Nebel riss. Aus dem Nichts heraus kann Gott hervortreten und sich zeigen. Das tut er ganz punktuell in meinem Leben. Am ehesten in Extremsituationen. An der Schwelle zwischen Leben und Tod scheint er am zuverlässigsten zu finden zu sein. Aber ich begegne ihm auch in heiligen Freudenmomenten und, ganz unerwartet, im Alltag. Unberechenbar ist der Ewige. Je älter ich werde, umso selbstverständlicher wird meine Beziehung zu Gott. Er ist einfach da.

Mein schwer kranker Freund gesundet nicht. Meine zerstörte Festplatte bleibt irreparabel und mit ihr auch alle meine kostbaren Daten. Aber. Mein viel zu früh geborenes Enkelkind gedeiht erfreulich. Und. Eines Tages, als wir im

Sellawie händeringend eine neue Flammkuchenbäckerin und eine Kuchenbäckerin suchen, steht vor uns eine Frau, die mit dem Leben kämpft, weil sie von ihrem Mann verlassen wurde und der bewusst wurde, dass sie nicht nur das Leben ihrer Enkel leben möchte. Durch ihre psychologische Begleitung bekam sie die Aufgabe, ihre Gaben zu entdecken. Ihr fiel nur ein, dass sie backen und kochen konnte, sie war aber völlig ratlos, was sie damit anfangen könnte. Ich sagte ihr, dass gerade unsere Mitarbeiterin hier ist, die Aufbruchtage für verlassene Frauen veranstaltet. Dass ich ihr Arbeit anbieten kann, die zu ihr passt. Dass wir auf christlichem Fundament stehen und uns wünschen, dass unsere Mitarbeiter das mittragen. Katholisch sei sie nicht mehr, aber christlich immer mehr, sagt sie und fängt an zu weinen. »Auf den Tag habe ich so lange gewartet!« Solche Zufälle kann nicht einmal das Leben hervorrufen. Das kann nur ein Schöpfer, der verweben und vernetzen kann, wie er will.

## Waren da Zweifel?

Vielleicht war Oma mir ein Vorbild. Sie verlor nie ihren Glauben und Humor, obwohl früh all ihre Lebensträume platzten und sie als Kriegswitwe allein verantwortlich war, vier Kinder und ihre alten Schwiegereltern durch die Hungerjahre zu bekommen. Wie oft habe ich das wahrgenommen, schon als Kind, wie oft habe ich diesen Satz gehört und gedacht: Sie verlor nie ihren Glauben und Humor.

Ich habe auch bei anderen erlebt, dass der Glaube an Gott hält, bis zum Schluss. Der ganz schlichte Glaube ganz normaler Hauskreismitglieder und Freunde. Welche von uns. Ihr bescheidener Senfkornglaube hat getragen. Dass er nicht erzeugt werden kann, sondern geschenkt wird, war ein Licht für alle Wegbegleiter. Auch bei mir selbst.

Seit sich für mich der Nebelschleier gelichtet hat und ich auf Gott gestoßen bin, habe ich nicht mehr an seiner Existenz gezweifelt. Verstehen kann ich sein Handeln oder Schweigen oft genug nicht, aber dieser Anspruch wäre auch vermessen. Lange war ich am Tasten, ob er es wirklich gut mit mir meint, egal wie mir das Leben blüht. Ob er wirklich in meiner Nähe ist und mich im Blick hat – immer.

Je länger ich auf der Erde bin, umso mehr Täler habe ich durchquert. Einmal überfielen mich grundsätzliche Zweifel – nachdem ich eine Krebsdiagnose erfahren hatte. Die Angst, dass sich nun herausstellen könnte, dass es Gott gar nicht geben möge, war eine Qual und Gott sei Dank von kurzer Dauer. Es war Gott selbst, der mich hielt. Er fand Wege in mein Herz, die genau richtig waren. Das hat er seitdem noch öfter gemacht. Wo ich befürchtete, Gott in der Angst und Verzweiflung zu verlieren, rückte er mir näher. Übermächtig, kreativ, liebevoll. Ich habe keine Antwort darauf, wer mich in die Untiefen des Lebens schickt. Aber: In keinem Tal hat Gott mich alleingelassen, aus jedem Tal hat er mich herausgeführt. Zu seiner Zeit. Ich habe keinen Grund, nicht an Gott zu glauben.

## Wer ist Gott?

Was sich gewandelt hat im Laufe der Jahre, ist mein Gottesbild – bis hin zur Bildlosigkeit. Gott ist mein Gegenüber, das selbst dann bleibt, wenn alles menschliche Gegenüber zerbricht. Als mit 19 Jahren mein Kinderglaube über Bord ging, verschwand und vermisste ich am allermeisten dieses große »Du«.

Gott ist anders. Je älter ich werde, umso ungreifbarer wird mir Gott. Egal von welcher Seite ich versuche, mich an ihn heranzutasten, Gott bleibt mir ein unerklärliches Geheimnis. Verteidigen, erklären, ja selbst ergründen will ich ihn schon lange nicht mehr. Gott ist mir geworden. Gott ist. Ein Abenteuer kosmischen Ausmaßes. Der Friede, der mich ausfüllt, wenn ich nicht damit rechne. Der Atem, der mich am Leben erhält. Überraschende Kraft, die mir zufließt. Die Liebe. Meine Fähigkeit zu lieben. Mein Wissen geliebt zu sein. Alles kommt durch Gott.

Immer hilfreich ist für mich der Vergleich, dass Gott mir Vater und Mutter ist, ich sein Kind bin. Dieses Bild erklärt mir mehr als viele Worte. Ich war selbst lange genug Kind, ich habe selbst lange genug meine Kinder aufwachsen sehen, nun erlebe ich es neu bei meinem ersten Enkelkind: Dieses kindliche Vertrauen, dass Vater, Mutter alles in der Hand hat, alles kann, Gutes will, den Überblick hat. Urvertrauen. Gottvertrauen. Es bleibt die Spannung auf die Auflösung irgendwann einmal im Himmel. Aber auch ein Grundgefühl von Geborgenheit und Eingebettetsein wie ein Kind bei seinen Eltern.

# Anmerkungen

1 Faltkarte von: Neues Buch Verlag GmbH, Hanauer Str. 7b, 61130 Nidderau

2 Du siehst die Wunden, Originaltitel: You Heal My Wounds, Text & Melodie: Danny Plett, Deutsch: Arne Kopfermann, © 2000 Janz Musikverlag, adm. by Gerth Medien, Asslar

3 Ich hol dir keine Sterne mehr vom Himmel, Text: Thommie Bayer & Bernhard Lassahn, Melodie: Thommie Bayer, © Essex Music Prod. / T.&J. Musicservice, Hamburg

4 Manfred Lütz, Lebenslust: Wider die Diät-Sadisten, den Gesundheitswahn und den Fitnesskult, Knaur TB, 2003

5 Hänschen klein, Text: Franz Wiedemann (1821-1882), Melodie: volkstümlich (19. Jh.)

6 Herr, im Glanz deiner Majestät, Text (nach Psalm 36,10; Joh. 4,14) & Melodie: Uwe Peters, © 1991 SCM Hänssler, 71087 Holzgerlingen

7 Helmut Gollwitzer, Die Nacht wird nicht ewig dauern. Hoffnungstexte, Aktion Sühnezeichen/Friedensdienste 1988

8 Seid nicht bekümmert, Text (nach Neh 8,10b) & Melodie: Jesus-Bruderschaft, Gnadenthal, © 1985 Jesus-Bruderschaft e.V., 65597 Gnadenthal

9 Herrlicher Gott, Originaltitel: The Potter's Hand, Text & Melodie: Darlene Zschech, Deutsch: Daniel Jacobi, © 1997 Wondrous Worship, Für D, A, CH: Small Stone Media Germany, Köln

10 Breite deine Schwingen aus, Text & Melodie: Frieder Gutscher, © cap-music, 72221 Haiterbach-Beihingen

11 Christa Spilling-Nöker in: Peters, Claudia: Lebe mutig, Eschbach

12 John Ortberg in »Der Weltbeweger«, Gerth Medien GmbH, Originaltitel: Who is this man, 1. Auflage 2013

13 Alles Liebe für dich, hrsg. von Benedikt Ambacher, Groh 2008

14 Winterpsalm aus: Lothar Zenetti, Auf Seiner Spur. Texte gläubiger Zuversicht, © Matthias Grünewald Verlag der Schwabenverlag AG, Ostfildern 2011. www.verlagsgruppe-patmos.de

15 Julia Kospach in: Bade, Ingrid: Das kleine Gartenglück, dtv, 2004

16 Jörg Zink, Spätsommertage, Eschbach 2011, Rechte beim Autor

Bianka Bleier, Martin Gundlach

# Aufblühen in der Lebensmitte

Gebunden, 10,5 x 16,5 cm, 176 S.
Nr. 395.773, ISBN: 978-3-7751-5773-5
Auch als E-Book

Zwischen »nicht mehr jung« und »noch nicht alt« suchen Sie noch einmal Ihren Platz im Leben? Bianka Bleier und Martin Gundlach machen sich mit Ihnen auf den Weg und bieten Ihnen Anregungen, diese Zeit bewusst zu gestalten und die Chancen der Lebensmitte zu nutzen.

Bianka Bleier, Birgit Schilling

# Besser einfach – einfach besser

Paperback, 17 x 20 cm, 144 S.
Nr. 395.204, ISBN: 978-3-7751-5204-4
Auch als E-Book

Wenn Ihr Zuhause auf dem Standard von »Schöner wohnen« geführt wird, brauchen Sie dieses Buch nicht. Wollen Sie dagegen wissen, wie man mit einem Minimum an Aufwand ein Maximum an Haushaltsarbeiten erledigt? Dann ist dieses Buch für Sie unentbehrlich.

*Bitte fragen Sie in Ihrer Buchhandlung nach diesen Titeln!*
*Oder schreiben Sie an: SCM Hänssler, D-71087 Holzgerlingen;*
*E-Mail: info@scm-haenssler.de; Internet: www.scm-haenssler.de*

# Family**NEXT**

EHE UND FAMILIE FÜR  FORTGESCHRITTENE